华夏智库·新管理丛书

与自己较量

李励 著

Competition
with Yourself

经济管理出版社
ECONOMY & MANAGEMENT PUBLISHING HOUSE

**图书在版编目（CIP）数据**

与自己较量/李励著 . —北京：经济管理出版社，2016.7
ISBN 978 - 7 - 5096 - 4519 - 2

Ⅰ. ①与… Ⅱ. ①李… Ⅲ. ①成功心理—通俗读物 Ⅳ. ①B848.4 - 49

中国版本图书馆 CIP 数据核字（2016）第 169049 号

组稿编辑：张　艳
责任编辑：胡　茜
责任印制：黄章平
责任校对：超　凡

出版发行：经济管理出版社
　　　　　（北京市海淀区北蜂窝 8 号中雅大厦 A 座 11 层　100038）
网　　址：www. E - mp. com. cn
电　　话：(010) 51915602
印　　刷：北京银祥印刷有限公司
经　　销：新华书店
开　　本：720mm × 1000mm/16
印　　张：13.25
字　　数：142 千字
版　　次：2016 年 8 月第 1 版　2016 年 8 月第 1 次印刷
书　　号：ISBN 978 - 7 - 5096 - 4519 - 2
定　　价：36.00 元

# 前　言

　　竞争求生存的社会，必须较量。优胜劣汰的丛林法则是保持人类社会正常秩序的不二法则，有利于社会的发展和人类的进步。人生百年，竞争是必须要面对的主题。上学的时候比学习成绩，成绩好就能上优质大学，成绩不好就只能上末流学校；工作之后比工作能力，能力强拿高薪，能力弱则时时处处受窘。在人生的许多环节点和时间段，甚至还要比出身背景、年龄长相、人际关系、性格特点……人生过程就是在无尽的较量中完成的。与别人的较量固然不可缺少，也十分现实，但自己与自己的较量则更加重要。人常说做最好的自己，与别人的比较常常会感到痛苦，总会有人比你强，如果没有好心态，那么情绪始终会处于落寞的消极状态。所以说，尽可能少与别人比较，只要能尽心尽力做好自己就可以了。自己与自己较量就是遇到挫折和失败的时候不轻言放弃，遇到困难的时候要能够坚持不懈，调动和汇集自身全部的能量，做最大的努力。人生难得几回搏，只要倾尽全力拼搏了，即便失败也不会遗憾。

　　与自己较量是人生的一种态度。是认命还是抗争，是退缩还是前进，是消沉还是进取，是在挫折中放弃还是爬起来继续前行……对于每一次事件而言，这是一种具体的选择，但从数十年人生过程的角度来审视，则是一种态度。消极的人生态度绝对不会有成功的结果，只能随波逐流。

　　与自己较量是一种向上的精神。与自己较量是一种积极向上的精神，不论最终能否成功，都会尽力拼搏。世上没有什么事情是一蹴而就的，在人生路上，挫折难以避免，面对失败可以坦然认栽，但不能轻易认输。不与自己较量那便是彻底认输了，奋斗就此止步。不奋斗与安于现状的含义不同，安于现状并非消极的选择，而不奋斗则无疑是精神的颓废。

　　与自己较量是激发潜能的工具。人的能力有显性能力也有隐性能力，显性能力仅是冰山一角，能否成就一番事业与潜能的开发休戚相关。人的潜能犹如深藏于地下的火山，需要激发才能变成显性能量。自己与自己较量，自我挑战心理、生理和能力的极限，是激发潜能的有效办法。不挑战极限就永远不清楚自己的能量到底有多大，挑战极限常常会出现意想不到的结果，会发现原来自己的能量竟然如此强大。挑战自我极限主要有三个方面：一是心理极限，如忍耐的极限等；二是生理极限，如抗疲劳的极限等；三是能力极限，如敢于接受艰巨的任务，只有在挑战貌似难以完成的任务过程中，才能调集所有的能量，更快地提高自己的能力，同时发现长期隐藏的能量。

　　与自己较量，不是与自己较劲。必须指出，在挑战自我的过程中需要理性判断，而不能感性行事，要较量但不要较劲。较劲即明知不可为而为之，是通常所说的执拗，"不撞南墙不回头"的固执显然不可取。与自己较量则是经过客观分析判断之后感觉仍然能够继续前行，这不仅需要自信，还需要建立在自知之上。不懂变通的较劲一定要避免，这一点很重要。

# 目　录

# 第一章　本事是逼出来的

与自己较量的第一个话题：自己逼自己。

本事是逼出来的，不知道你信不信，反正我信。

人不逼不成器，被生活逼、被家长逼、被老板逼……在不干不行的时候，一干才发现自己真的还行。这才恍然大悟，原来自己有这本事，开始时的担忧与疑虑都是多余的，原来看似没法走的路，估计走不通的路，只要下决心走，都是能走得通的。这样既有了自信心，也找到了挑战困难的乐趣。

人都有惰性，有贪图安逸的倾向，在不给行动施加压力的情况下，人往往会一拖再拖。

人的自觉性是相对的，不自觉是绝对的。

就拿工作来说，如果不限定时间、不限定量，工作效率往往很低，有了压力之后，精神状态完全不一样。

所以从管理者角度来讲，人性化管理绝非放任自流，再人性化也一定要施加一定压力。指望靠员工的自觉性去完成工作，那一定会让老板失望。对于孩子的学习、教育和培养来说，道理也是一样的，家长和老师都必须给孩子一定的压力。

人常说压力产生动力，其实压力也可以产生能力。在压力之下，就有了紧迫感，必须得干，不干不行，在干的过程中能力自然就提升了。

被外界所逼是被动的，而自己逼自己则是主动的。自己逼自己也可以理解为人的自律意识，相比于被人逼、被事逼，人的自律意识则更为重要。

自己管不住自己的人，往往一辈子都难以成事。

被人被事所逼的实质是什么？

被逼了，该怎么办？

自己怎么逼自己？

## 被逼可以感到很幸福

事实上，被逼是一件很痛苦的事情。做自己不想做的事情，必然感到痛苦和郁闷。本来不想学习，却被家长和老师逼迫学习；本来不饿，却被逼吃饭；本来很厌烦酒桌、娱乐场所，却被逼应酬；本来极不情愿上班，却为了赚工资不得不朝九晚五；本来不喜欢那个人，却不得不陪着笑脸应付；本来极不情愿花钱，却为了人情世故或面子不得不从腰包里掏钱……

每个人的心里至少有两个"我"，一个是真"我"，一个是假"我"。当真"我"和假"我"意见不一致的时候，就会在心里打架，人就会感到痛苦。当心里有 N 个"我"的时候，不但痛苦而且繁乱，就会六神无主。

不让自己郁闷的办法只有一个，就是让心里的各个"我"的意见达成一致，不要彼此吵闹，只要相互不闹别扭，便平安无事了。这时候的心境用一个词来描绘，就是坦然。只要心里坦然了，也就是说自己有了主见，面对被

幸福不幸福，别人说的不算，在于自己内心的体验。

逼，想清楚怎样应对，就不纠结了。人最大的痛苦不是承担后果，而是纠结。即便后果不妙，大不了慢慢疗伤；而纠结则会让人茶饭不思、坐卧不宁，不像有伤口时的那种剧痛，而是很痛却不知道哪里痛，很难受却不知道该怎么办。

有这样一则笑话：有一个死刑犯被执行枪决的时候，行刑官连开数枪，枪都没有打响，只听扳机动，不见子弹飞，死刑犯央求行刑官"大哥求你行行好，别再开枪了，你就掐死我吧，我受不了了"。躲不过的恶事，过程比结果更可怕。结果也就是痛苦而已，而过程则是煎熬，是持续不断的痛。

被逼而感到很郁闷很痛苦时，该怎么办？

把痛苦感变成幸福感有几个办法：

## 办法 1：骨头里面挑肉法

辩证法告诉我们，任何事物都是矛盾的集合体，分析和看待任何事物都要持两点论——其实许多时候可以持多点论，不仅是两

点。被人被事所逼，不仅要看到使自己痛苦的一面，还要看到对自己有利的一面。趋利是人之本性，只要看到对自己有利，也便乐于接受了。即便对自己无利，但只要是无害，在被逼之下且无法躲开的情况下，也可以接受。

### 办法 2：变被逼为自愿法

美国明确规定，在战场上战败后可以向对方投降以保全性命，这体现出生命至上的人性观。在被人被事所逼的情况下，可以从改变自己的观念入手，找到突围的办法。因为有些事确属无奈，与其被逼，还不如变为自愿。如上班，聪明者会发现上班的乐趣，会带着兴趣去上班；想不开的人则除了郁闷，就是委屈，所以痛苦不堪。

### 办法 3：正面审视困难法

困住了才难，困不住不叫难。盯着问题想办法，只要想出了办法，困难就不叫困难了，而仅成为走向结果的过程而已。关键是办法，要相信自己是一个任何时候都会有办法的人，自信心很重要。人常说办法总比困难多，只要愿意动脑筋，办法总是有的。

### 办法 4：失败当成宝贝法

失败带给你的不仅是挫折和痛苦，还有宝贵的经验。成功告诉你这样做是对的，而失败告诉你的是不能这样做了，这条路是走不通的。一蹴而就的事情很少，许多成功都是试错试出来的。失败一次等于离成功更近一步，坏事也是好事。

### 办法5：视作修炼心性法

耐心、坚忍等是成熟的标志，也是成事的必然要求，而这些心性不是天生的，也不是谁能教会你的，而是在与艰难困苦的搏斗中磨炼出来的。温室里长大的花朵很脆弱，不经风雨就无法见到彩虹。

### 办法6：追根溯源破解法

冤有头债有主，如果被人所逼，要分析别人为什么逼你，原因和动机是什么，想要达到什么结果；如果被事所逼，要分析产生如此结果的根源，是因为自己还是因为环境或是其他什么原因。因果定律告诉我们，任何结果都是有原因的，世上没有无缘无故的事情。想变被动为主动，要摆脱窘境，就得从消除原因入手解决问题，只有这样才能彻底铲除滋生问题的根源。头痛医头、脚痛医脚属于治标不治本，从根源下手才是破解难题之道。

## 做一个被别人需要的人

许多人常常把"追求自我价值"挂在嘴上，但许多人或许未必推敲过这句话的含义。对于一个人的价值，自我的认定与别人的认定常常不一致，自己以为很有价值，但在别人眼里或许一文不值；有时候自己感觉不出来，但别人却认为这个人很有价值。为什么会有这种情形呢？问题在于衡量一个人价值的标准不同，自然就会得出不同的衡量结果，甚至得出截然不同的结果。

那么，什么是衡量一个人价值的标准呢？有的人会以赚了多少钱为标准，有的人会以当了多大官为标准，有的人认为名气大价值就大……总之，判断一个人价值的标准可谓形形色色，很个性化。

对于一个人价值的衡量有社会的标准，也有个人的标准，与社会的价值观以及个人的价值观有关。价值观是社会或者个人在判断和鉴别事物的时候所依据的思想体系和观念的集合。衡量一个

社会和别人的需要就是你的价值。

人的社会价值常常以社会道德为基本依据，而个人的标准则往往以个人需求为依据，有需求则认为有价值，没有需求则认为没有价值。所以说，认定一个人是否有价值或者价值的大小，必须要有前提，即"对于谁而言"。

追求"自我价值"相对来说比较简单，只要去做自认为有价值的事情就可以了，做自己喜欢做的事情就行了，做了并且得到了自己想要的东西，那么自我价值也就实现了。在现实生活中，以自我喜好想事行事的人常常被人说成是属于"比较自我"的人，甚至被认为是"自私"的人（其实自我与自私还是有明显区别的）。不论谁，不可能完全隔绝于世，总要与人打交道，必然生活在某一个特

定人群当中。所以太过自我的人肯定不会合群，我行我素肯定会与群体中的人发生冲突，因为你喜欢的事别人未必能接受。所以一个人的价值在很大程度上取决于别人的评价，而非自我感觉。追求"自我价值"的含义更多的时候是指追求别人对你有一个更高的评价，这就要求一个人必须要尽可能合乎社会道德观念，要刻意追求他人对你的实际需求——这一需求不但包括实利的需求（金钱和财物等），还包括精神需求（满足他人心理的需求）。

归根溯源，一个人要想追求更大的个人价值，就必须要想办法创造别人对你的物质需求或精神需求，别人的需求大小决定一个人的价值大小。有的人只知道索取，而不懂得对别人付出的重要性，久而久之使自己成为了别人眼里一钱不值的人物，成为谁都不愿意搭理的孤家寡人。这种人表面上看是情商低，其实是没有弄明白"个人价值"与"他人需求"之间的关系。人的一生或者说人在社会中工作和生活，其实是在与周围人实现价值交换的过程中进行的，索取的同时一定伴随着相应的付出，这也就是"有得有失"的道理。

在生活场合或职场中，虽然不可避免地存在着这样那样的偏见、不公平、歧视等，只要能够彻底想通，就没必要计较太细太多。人生是一场数十年乃至上百年的长跑，职场大概也要前后经历三四十年的过程，不要计较一时一事，不要怕吃苦吃亏，一点都不计较的确不行，但斤斤计较则往往失大于得。尤其是年轻人，一开始不要太有"原则性"，多干活只有好处没有坏处，不但能更快地积累经验，在真枪实弹的工作中磨炼个性和增长才干，还能意外地收获好人缘，人缘就是机会，慢慢地就会显示出"吃亏"的种种利益来。

不论出于何种目的，别人给你任务，就证明你在他眼里是有价值的人，不管对方是在利用你还是正常工作中的"用人"，都证明你存在的价值。尤其是初入社会或者初创事业的人，在别人使唤的时候，不要过多算计自己要不要做、有没有道理做、能不能从中得利等。不管是正常工作还是义务帮忙，只要时间精力许可，尽可能不要多问多想，开开心心去做就是了。忌讳的是算计和浮躁，因此而失去人缘和机遇，因小失大。

刚跨出校门的学生，或者那些半路开创事业的人，要想成功地实现预定目标，都要经历三个阶段：第一阶段，积累经验和人脉，这个阶段要舍得吃苦和吃亏，多干是第一阶段的不二法则；第二阶段，积累了一定经验和人脉之后，要找各种机会显示自己的价值，当你被别人需要的时候便有了与人合作的条件，假如你有很强的能力才干，那么自然就能找到优秀的合伙人；第三阶段，在与人合作的过程中逐步成为团队领袖。

人类属于群体动物，社会中每个人都需要依赖他人而活，如果没有相互的依赖，个体无法生存。如果期望自己成为一个有价值的人，那么就培养人们对你的依赖吧！不被人需要时，也可以说你是没有价值的，也就得不到他人的重视。当别人有所依赖，你的重要性才会显示出来，也就有了价值。但需要注意：维持别人对你的依赖心理，最好不要一下子就完全满足其需求。饮足井水者往往离井而去，橘子被榨干汁水后由饱满变为渣泥。一旦不再依赖，也就不再有需求。正如哲学家叔本华所言："人生就像一团欲望。"要学会控制自己的欲望，也要善于控制和运用别人对你的欲望，使自己的价值最大化。

认清价值之所在，做一个被人需求的人。

## 挑战困难是成功者的习惯

困难面前，人人平等。面对各种难题，若找不到相应的办法，找不到突围的出口，或者未战就胆怯了、退缩了，那么在工作生活中注定节节败退，最终必定是失败者。挑战困难是成功者的习惯，问题天天有，只有迎难而上，踩着一个接一个的难题前行，才能在不断战胜各种难题的过程中越来越接近目的地。

在人的一生中，不论工作还是生活，不可避免地会遇到无数的难题，前进的路途绝对不是平展展的柏油马路，而是遍布无数的困局，是各种各样的难题所铺设成的。各种各样的难题在时时考验你、逼迫

对待困难的态度和能力决定一个人最终成功还是失败！

你，阻碍你前进，对于艰难险阻的态度以及面对难题时能不能找到最恰当的办法，考验一个人的意志和决心，也检验一个人的智慧和能力。

有能力者不会因为困难而改变目标，而是通过尝试新办法去解决困难；无能者遇到困难的时候常常改变目标，始终处于被困难"解决"的状态中。

一位电台主持人在自己的职业生涯中遭遇了 18 次辞退，她的主持风格曾被人贬得一文不值。最早的时候，她想到美国大陆无线电台工作。但是，电台负责人认为她是一位女性，不能吸引听众，于是拒绝了她。她来到了波多黎各，希望自己能有好运气。但是她不懂西班牙语，为了熟练当地语言，她花了三年的时间。在波多黎各，她最重要的一次采访是一家通讯社委托她到多米尼加共和国采访暴乱，连差旅费也是自己出的。

在以后的几年时间里，她不停地工作，不停地被人辞退，有些电台指责她根本不懂什么叫主持。1981 年，她来到了纽约一家电台，但是很快被告知，她跟不上这个时代，为此她失业了一年多。

她向一位国家广播公司的职员推销她的倾谈节目策划，得到了他的首肯。但是，那个人后来离开了广播公司。她又向另外一位职员推销她的策划，但这位职员对此不感兴趣。她找到第三位职员，要求他雇佣她。此人虽然同意了，但他却不同意做倾谈节目，而是让她主持一个政治主题节目。

她对政治一窍不通，但是她不想失去这份工作，于是"恶补"政治知识。1982 年夏天，她主持的以政治为内容的节目开播了，主持技巧娴熟，风格平易近人：听众打进电话讨论国家的政治活动，包括总统大选。这在美国的电台史上是破先例的。她几乎在一夜之间成名，她的节目成为全美最受欢迎的政治节目。

　　她叫莎莉·拉斐尔，现在的身份是美国一家自办电视台节目主持人，曾经两度获全美主持人大奖，每天有 800 万观众收看她主持的节目。在美国的传媒界，她就是一座金矿，无论到哪家电视台、电台，都会带来巨额的收益。

　　莎莉·拉斐尔说："在那段时间里，平均每 1.5 年我就被人辞退 1 次，有些时候，我认为我这辈子完了。但我相信，上帝只掌握了我的一半，我越努力，我手中掌握的这一半就越大，我相信终会有一天，我会赢了上帝。"

　　成功的背后会有许许多多的艰辛、痛苦甚至挫折，只有经验、知识和经历的积累才能塑造出一个成功者。所以，我们要敢于面对挫折，在哪里跌倒就要从哪里爬起来，不要惧怕困难，要敢于向困难挑战。要认真分析失败的原因，寻根究源。俗话说"失败乃成功之母"，从挫折中吸取教训，为下一次奋起提供经验。

　　人生有限，不可能经历所有的事，在平时的工作生活中要加强学习，要在别人的经历中吸取教训。

　　成功之路多曲折，面对成功路上的挫折、失败、艰难、困苦要有毅力。成事在天，谋事在人，物竞天择，适者生存，有了坚强的毅力做防线，就会百折不挠，就会勇于进取，否则会半途而废，达不到成功的目标。

# 危机感逼迫下的狂奔

古人云"生于忧患，死于安乐"，说的就是人要有"居安思危，未雨绸缪"的忧患意识。《左传·襄公》中曰："居安思危，思则有备，有备无患。""居安思危"这句成语包含着丰富的哲理，成为中国人几千年来的警句和座右铭。

有一个著名的实验，把一只活蹦乱跳的青蛙扔进一口煮着沸水的锅里，青蛙在受到强烈刺激的一刹那，迅猛地跳出水锅逃生。再把这只青蛙捉回来，放入另一口盛着凉水的锅里，青蛙便在水里畅游。之后给水逐渐地加温，青蛙并没有感觉到水温的变化，仍然在水中自由自在地游着。一直加热至水沸腾，它也没有跳出那口锅。最后，青蛙被活活烫死在水里。这个实验已广为人知，足以证明渐变的环境对青蛙造成的麻痹和杀伤力。这个实验最深刻的教训是没有意识到安逸背后潜藏着的巨大杀机。

如果说上述青蛙之死有人为诱杀因素，那么，下述寓言里的硕鼠之死只能怪它自己了：

有一只饥饿的老鼠到处觅食。一日，它来到一口大缸前，爬上缸沿，朝里面一望，有半缸米，大喜！它赶快跳进去，想饱餐一顿。但它很警觉，忍着饥饿闻了闻米，又用舌头舔了舔，之后跳出缸外。一个时辰过后，它没感觉到有异常反应，仍健康地活着，于是放心了，跳进缸里饱吃了一顿。但它还是很小心，怕被捉住，遂迅速返回老窝。后来它认为进去出来太麻烦，不如吃住在里面。于是，它吃饱以后就睡在缸里，醒了再吃。日子一天天过去，大米逐渐减少，老鼠日见肥硕。终于，米见了底，老鼠开始恐慌，想跳出去再觅新食。可是晚了。由于它长期不运动丧失了体能，加之已养成的肥重身躯，使得它无力爬跳，再也跑不出那口缸了。此时，饥饿向它袭来，它已无可奈何了。最后，老鼠活活饿死在缸底。

我们且不要笑话青蛙和老鼠的愚蠢，发生在人类身上的因贪图安乐忘记忧患而招致身亡的教训比比皆是。记得日本有一位叫作寺田寿彦的作家说过这样的话：灾难是你忘了它的时候降临的。的确，意识不到忧患是莫大的忧患，看不到危机才是最可怕的危机。真正的智者在于居安思危，防微杜渐。

早在 1984 年，海尔集团总裁张瑞敏当着全体员工的面将 76 台带有轻微质量问题的电冰箱当众砸毁，使员工产生了一种危机感与责任感，由此创造出了一套独具特色的海尔式产品质量和服务，如"用户永远是对的"、"海尔卖的不是产品而是信誉"、"真诚到永远"等。海尔的生存理念是"永远战战兢兢，永远如履薄冰"，更给人一种强烈的忧患意识和危机意识。这是海尔集团打开成功之门的钥匙。

有一句话说得非常好，如果一个人连危机意识都没有了，危机便像决堤的黄河水一样席卷而来。在我们现在的处境和环境中，也许倾尽一辈子的求索，也不能够达到别人那样辉煌的地步。可是，这并不意味着我们就没有了危机，或是危机已经远离了我们。危机时刻在你左右，面对危机，人们可以有不同的处置方式；面对危机，人们的心灵可以得到最大的放大效应；面对危机，会让人的本能最大限度地暴露出来。危机提供了让人们的思想和灵魂曝光的机会。

你有危机感吗？如果没有，那么很危险！

　　我们能够意识到我们在这个世界上自己应面对什么样的危机，其实并不是坏事。即使危机就在一触即发之际，也能想办法化解。未来是不可预测的，而人也不是天天走好运的，就是因为这样，我们才要有危机意识。也许就是这些存在的危机意识使我们清醒，也使得我们创造出了连我们自己都不敢相信的奇迹。

## 事在人为，不轻言放弃

　　每个人都在花费毕生的时间寻找生活和工作的舒适区，为了内心的欲望而奋斗着。但做任何事情都不可能一蹴而就，尤其是在刚开始的时候都会遇到这样那样的问题，山重水复，困难重重。没有什么事情是浅尝即成的，都需要坚持一段时间才能有所收获——或许是一两年，或许是十年八年。

　　坚持到底不一定成功，但不坚持则一定不可能成功。不论结果如何，坚持是必须的，成功与失败的区别仅在于对目标的设置以及追求目标的过程。设计奋斗路线十分重要，假如追求的目标有问题，则越坚持越失败。不论是生活还是事业，都需要精心设计，要符合自己的实际情况。

人生就是选择，是对目标的选择，对实现目标路径的选择，选择目标要谨慎再谨慎，不要跟风，可以借鉴但不能照抄照搬别人的思路和做法，必须切合自己的条件和能力。确定奋斗目标之后不要急于行动，而要反复推敲目标的适合性和正确性。经过反复分析，一旦确认了目标，就要坚持到底、全力以赴、百折不挠了，无论遇到什么样的苦难都不轻言放弃。

无论怎样的奋斗目标，都要从跨出第一步开始，然后一步一步朝前走。虽然未来的目标很明确，但在开始迈步的时候，前方将会遇到的一切都是未知，对于未来的景象只能想象无法确知，甚至于浑然不知，只能摸着石头过河，边走边看。但只要按照预定的计划坚持走下去，随着时光的推移，未来的图景就会一幅幅展现出来。只要按既定目标行动，终将会看到令人惊艳的人生画卷。

洛克菲勒年轻的时候，在美国某家石油公司工作。他学历不高，又没有什么专长，所以只好从事那些连小孩都能胜任的、简单得不能再简单的工作：巡视并确认石油罐盖有没有自动焊接好。当石油罐从传送带上移动到旋转台上的时候，焊接剂会自动滴下，沿着盖子旋转一圈，就算焊接完毕。他每天要几百次地用眼睛盯着这单调枯燥的作业过程。没干几天，他就烦了，而且很想改行，重新换个别的工作。但他没有一技之长，根本找不到工作。他只好沉下心来，仔细观察，以求在这平凡而单调的工作中寻找实现乐趣的突破口。

他发现，石油罐每旋转一次，焊接剂滴落 39 滴后，就算完成一次焊接工作。他在思考：这一连串机械重复的操作，有没有什么地方可以改进的呢？突然有一天，他脑子里闪出一个灵感：如果能将焊接剂减少一两滴，不是可以节省成本吗？

于是，他潜心钻研，终于研制成"37 滴型"焊接机。但利用这种焊接机焊接出来的油罐，偶尔会漏油，并不实用。面对失败他并不气馁，仍继续研制，最终研制出"38 滴型"焊接机，用它焊接出来的油罐非常完美。

公司对他的发明十分重视，并生产了这种焊接机，取代了原来的焊接方式。尽管每罐只节省了一滴焊接剂，但那"一滴"却给公司带来了每年 5 亿美元的惊人利润！

就是改造焊接机的成功改变了洛克菲勒的人生，使他从一个普通得不能再普通的工人变成了掌握全美制油业 95% 实权的石油大王。他的成功，是从一点一滴开始的，积跬步而至千里。不仅洛克菲勒的成功是一点一点取得的，任何成功都要经历从量变到质变的过程。不断积累，不断学习，逐渐脱颖而出。

能否坚持到底，在于意识中对于改变从点滴做起的深刻理解。坚持不懈是成功者的素质，凡是成功的人总有更强大的坚持力。好比挖井，很多人没有找到水就放弃了，只有找准位置并且坚持挖下去，才能拥有属于自

要挖井，首先要找对地点，然后坚持挖下去，直到挖出水为止。

己的那口井。只有坚持才能见到效果，只有坚持才能走向成功。

一个成功者是从来不向困难和挫折屈服的。英国首相温斯顿·丘吉尔在面对德国法西斯的疯狂进攻时，就曾对他的国民说过："不要屈服，永远不可屈服！"这不但是一句振奋英国全民的豪言壮语，也是他最重要的人生总结。丘吉尔坚信以斗牛犬式的坚忍面对似乎不可战胜的敌人往往是反败为胜的关键，而他也总是以自己的行动一次又一次地证明了这一点。例如，在英国全境遭遇德国法西斯的狂轰滥炸之后，丘吉尔和他领导下的英国人民仍然坚持战斗，没有退缩，最终反败为胜，打回了欧洲本土。正是由于丘吉尔在面对看似必败的情形时总是毫无怨言地承受保持坚忍的态度，他被人们称为 20 世纪最伟大的政治家之一。

目标和计划有大有小，也有难有易，但对于任何计划和目标，如果没有不可动摇的决心和坚忍的毅力，都是不能实现的。这就如想吃一个苹果，却不愿意动手自己削上一个，又如何能够吃上呢？

反过来，如果能以不可动摇的决心坚持目标和计划，就将惊奇地发现世界上没有任何东西和力量可以阻挡你前进的步伐。只要坚持不懈，所有的目标必将成为现实，美梦迟早有一天可以成真。

现在就开始行动吧！拿出一张白纸，列出你正面对的所有问题和挑战：

在什么地方感到缺乏勇气和信心？

在哪些地方需要表现得比现在更加坚忍？

对这些问题做出回答，提出方案之后，你还要随时提醒自己："我坚决不能选择失败。"在开始行动之前，你就要下定决心，不管发生什么事，你都不能放弃，因为放弃是可耻的，放弃就是不想要自己期望的成功与财富。

记住：只要充满信心地向着梦想前进，并事先下定决心坚持到底，就一定能够取得成功。事实上，在这个世界上，除了你自己，谁还能阻挡你呢？人们最大的敌人就是自己。立即行动吧，朝着成功的方向快速奔跑。

## 能把烂牌打好才是真本事

我有一位朋友是中学校长，他说有一次在翻阅新老师简历时看到一位老师这样写道："以前还是小学生时，我立志将来要当教育部长；到初中时，我的志向降了一些，想想当个教育厅长也可以；高中后，觉得当个教育局长或校长也很好；如今我大学毕业了，只希望能顺顺利利找份工作，有个普通教师的职位给我，我就心满意足了！"随遇而安不能说有什么错，有什么大问题，甚至在许多时候是一种很好的处世观。但对于想要干一番大事业的人，志向不能太低，人生难得几回搏！

前些年报考公务员成为热门，报考公务员被人们戏称为"国考"。许多人认为"百业萧条，公职最好"，认为"公务员稳定，薪水有保障，不用担心被裁员"。的确，考公务员不失为一种不错的选择，但只求稳定和不会被裁员，这样的人生目标是不是太缺乏挑战了？

安逸等于平庸，事实上，人生数十年，会遇到各种各样的情况，无风不一定无浪。不论对社会还是对个人而言，乐享安逸都不需要鼓励，竞争中社会才能前进，给自己施加更大压力更有利于做出更大成绩。

只要有斗志，不怕没战场。

人90％的潜力有待于激发，只有在应急状态下这些潜能才能被激发出来。不图进取，安于现状，会丧失许多好机会。破釜沉舟，军队才能激发出强大的战斗力，人被逼到绝境才会爆发出潜能。

人不能好高骛远，不能奢望一步登天，但绝不能没有更远更大的目标，不能惧怕挑战，否则就只能浑浑噩噩地过日子了。

人生就像打牌，不能总是寄希望于每回都能拿到一副好牌，最重要的是要能把手中的坏牌打得可圈可点。正如人无法选择出身一样，把手中的坏牌打好，这才是人生的真谛。坏牌把人逼到了绝境，有利于调动潜能，不但提升斗志，还能在把坏牌打好的过程中提高牌技。

有句话说："若青涩，便还能成长；若熟透，便即将腐烂！"

人追求的都是熟透的状态，但是当达到熟透的状态后，不要安于现状，而要重新寻找新的青涩状态。熟透状态很难持久，消极的死守只能慢慢腐烂，只有在守成的同时倒空自己，再重新装满理想，才不会丧失斗志，不会在舒适状态中消磨意志。安逸是腐蚀剂，饱病难医，不论什么阶段和状态，都要始终保持一定的饥饿度，不断激励自己，追求新的成长。

人生也就三万天，拼搏一天是一天，告诉自己：

"平庸一生，不如轰轰烈烈拼搏一回！"

"只要不懈地努力，就不会被埋没！"

"即使暂时失败，我也比别人勇敢！"

釜破了，舟沉了，不留恋安逸和平庸，自己给自己制造绝境，逼迫自己去拼搏，在拼搏中建新功，在奋斗中立大业。自卑不是天性，而是缺乏勇气，人一旦豁出去了，潜藏在灵魂深处的能量就会爆发出来。

只要有斗志，就不怕没战场。只要有勇气，就会有荣耀。

别小看自己，别低估自己的能量，潜能没有被激发出来之前，自己都不清楚自己有多大能量。一切的偷懒和妥协都是因为没有破釜沉舟，没有下定决心，没有给自己立军令状。没有干不成的事，只有干不成事情的人。失败者总会有无数的借口和理由，而成功者则只有拼搏和奋斗。

人最怕的不是容颜老去，怕只怕心老，心一旦老化，就没有了激情，没有了干事情的冲劲。适应性强了，但改变的动力消失了。人还怕丧志，失去志向的人只会随波逐流——曾经的不甘心没有了，别人的歧视看得惯了，违心的生活状态想得通了。成功后的喜悦是甘于平庸的人所不能体会的，那是对拼搏者的最高奖赏，没有底线的随遇而安无疑是人生悲剧。

# 不留后路才有出路

　　我出生在东北的一个农村家庭，父母都是农民，种田养家，八岁时父亲患上脑血栓而半身不遂，家庭因此而无力承担两个孩子的学费。我16岁辍学开始打工，只因妈妈跟邻居借钱时邻居的一句话"小鸡还想变凤凰"，我怀揣妈妈借来的60元钱坐上火车背井离乡，30元用作路费，仅剩下的30元用来找工作。我身无分文，根本没有退路可言，但最终还是找到了一份端茶倒水当服务生的工作，由此正式开启了打工生涯。

　　不留后路，才有出路，因为除了前进别无选择。这相当于给自己立下军令状，必须全力拼搏，后退的结果无法忍受。军中无戏言，优秀的人生照样无戏言，决定了的事情一往无前。

有退路，容易偷懒，不会全力以赴。

　　所谓军中无戏言，白纸黑字，必须要兑现。当年马谡为守街亭立下军令状，后街亭失守，孔明不得不军法从事，挥泪斩马谡。给自己立下军令状，贵在自我加压，不留后路。

　　不给自己留后路，听起来好像挺极端的，而且现在的人都不会这么做，事事都要想得比较全面，一定会为自己找好退路。可是有时候知道自己有路可退，就认为什么都不用怕了，如果有一天失败了还可以回头，天无绝人之路。

可是对于这种人来说，这种想法并不利于其前进和发展。当人处于绝望时，往往也会激发一种斗志，是出于本能的，反正什么都没有，什么都不用顾忌，还不如向前看，因为只有前进才能生存，才能发展，才有希望。

"破釜沉舟"出自《史记·项羽本纪》。据说，秦国攻赵，赵王连夜向楚怀王求救。楚怀王派宋义为上将军，项羽为次将，带领二十万人马救赵。谁知宋义听说秦军势力强大，走到半路不再前进。他只顾举行宴会，大吃大喝，不管军中无粮，任由士兵以蔬菜和杂豆充饥。项羽气结，杀掉宋义，自封上将军，带部队救赵。项羽先派出一支部队，切断了秦军运粮的道路；他亲自率领主力过漳河，解救巨鹿。楚军全部渡过漳河以后，项羽让士兵们大吃一顿，且每人存足三天干粮，然后下令，将船凿穿沉入河里，将锅砸得粉碎，又将附近房屋全部烧毁。以这种破釜沉舟之法，表示有进无退、一定要夺取胜利的决心。楚军士兵以一当十，以十当百，拼死与秦军厮杀，最终大败秦军。之后，项羽威名扬天下。项羽的破釜沉舟以行动立下军令状，展现了其过人的勇气与自信，以及不达目的誓不罢休的决心。

历史上相似之例比比皆是：韩信在指挥"井陉之战"时，一反作战常规，背水为阵，并让将士饿着肚子去打仗，打败赵军再会餐。一开始，将士们还不服气，觉得这背水一战必败，但真正打起仗来，每个人为了活下去不得不以一当十，竭尽全力，从而取得了最终胜利。最坏的形势潜藏着最大的胜机，如果你只要成功这一个结果，堵死退路是必不可少的。

　　这便是置之死地而后生。人在没有退路的时候爆发出的潜力常常难以估计，如果得过且过还能混得下去，就会在暂时的安逸中逐渐丧失冲出来的能力。置之死地而后生是经过多次证明后的大智慧，此法完全击败了缜密的逻辑推理，以看似疯狂而不合理的方式获得了意想不到却合理的结果，令人叹之。想达目的，给自己立"军令状"是成事的智慧。

# 第二章　车到山前再探路

人常说，车到山前必有路，事实上，山前或许有路，也或许没有路。事实也是如此，现实生活中，到了山前却没有路的情况比比皆是。之所以说车到山前必有路，不在于有没有路，而是表现出了三种精神状态：

一是表现出乐观主义精神，无论什么事情都乐观看待，不用焦虑着急，到了某个时候必然会有转机。

二是表现出自信心，相信到时候一定会有攻险克难的办法，相信自己有能力解决问题。

三是表现出勇敢的战斗精神，不论遇到什么艰难险阻，都决定要勇敢地战斗一番，并且相信战斗即便异常艰难，最后也一定能赢。

还有一句话：船到桥头自然直。

船行于乱流之中，很难把控船的方向。船不由人控制，只能随波逐流。一旦到了桥下，水受到桥洞限制，不再混乱，船也自然就行得直了。生活中遇到不顺时感觉很无奈，其实不用苦恼，一定会好起来的。不论遇到什么郁闷事，都要心怀希望相信未来。

今天过后是明天。

# 先抓住机会，再想办法

机会与选择是人一生始终要面对的两大主题。从小到老，每个人都会遇到无数的机会，面对机会，选择是智慧，能不能抓住机会是能力。

有的时候，机会明明就摆在眼前，但由于种种原因而犹豫不决，以至于最后丧失了好机会。机会就是财富，感觉是好机会，先不要细想其中的问题，先尽力抓住机会，待机会到手后再想办法如何将机会变为现实。

智者不但要发现机会，更要创造机会。

先迈出第一步，往往随着时间的推移，到时候自然就会有好办法了。

机会难得，尤其是好机会更难得。

有时候稍微犹豫一下机会就跑掉了，或者机会被别人抢走了。越是好机会越要出手快，因为争抢好机会的人会更多。

1921 年 6 月 2 日，电报诞生 25 周年。

《纽约时报》对这一历史性发明发表了一篇简短的社论，传达了一个重要信息：现在人们每年接收的信息量是 25 年前的 50 倍。

对于这一消息，当时在美国至少有 16 人做出了反应，那就是创办一份文摘性刊物，让人们能在浩如烟海的信息中，尽快获得自己需要的东西。这 16 人中，有律师、作家、编辑、记者，甚至还有一名国会议员，他们都认为这类刊物必定有广阔的市场。在不到 3 个月的时间里，他们都到银行存了 500 美元的法定资金，并领取了执照。

然而，当他们到邮电部门办理有关发行手续时，却被告知，该类刊物的征订和发行暂时不能代理，如需代理至少要等到第二年中期选举过后。得到这一答复，其中的 15 人为了免交执业税，向管理部门递交了暂缓执业的申请。

只有一位叫德威特·华莱士的年轻人没有理睬这一套，他回到暂住地——纽约格林威治村的一个储藏室，和他的未婚妻一起糊了 2000 个信封，装上征订单送到邮局寄了出去。

也许，成功等待的就是这种人，他们从不等待时机成熟，他们知道时机永远都不会成熟。总之，世界出版史上的一个奇迹就此诞生了。目前他们创办的这份文摘类刊物——《读者文摘》，已拥有 19 种文字、48 个版本，发行范围达 127 个国家和地区，读者达到 1 亿人，年收入 5 亿美元。德威特·华莱士夫妇也由原来的不名一文而成为美国的富豪和有名的慈善家。

南太平洋某群岛附近有一个叫作珍珠湾的海域，这里盛产美丽的珍珠，据说世界上最大最昂贵的珍珠都出自这里。因此，从 19 世纪初开始，世界各地的采珠客蜂拥而来，贫穷的费尔便是这些采珠客中的一员。

　　当费尔来到珍珠湾后，并没有像其他人那样匆匆下海采珠，而是仔细观察着周围的一切，细心的费尔发现，采珠客在采珠时都需要戴上一种橡胶手套，以保护他们的手在工作时不会被锋利的蚌壳和礁石划伤。

　　由于整日的割磨，手套两三天就会磨破而被采珠客丢弃，所以，这种手套的需求量很大。但费尔发现，手套都是用船从遥远的墨西哥运来的，这使每副手套的零售价高达 1.2 美元。费尔研究手套发现，这是用一种粗橡胶做成的，而附近到处是成片的天然橡胶林，可来这里的人都把目光投向了珍珠，没有人顾及到橡胶林的存在。

　　为什么不用这些天然橡胶制成手套卖给采珠人呢？两个月后，一个制作橡胶手套的简易作坊便建立起来了，由于售价为一美元，比运来的便宜，所以，每天生产的有限的几百副手套相对于成千上万的采珠人出现了供不应求的局面。

　　一年后，费尔靠卖手套成了百万富翁，当别人也看到手套的商机时，当地生产手套的橡胶原料早已被费尔全部控制了。因此，只要有珍珠存在，费尔的手套就会被卖出去，他就会继续赚更多的利润。

　　几年过去了，成千上万的采珠客成为富翁的人屈指可数，大多数人与刚来时一样贫困，而靠卖橡胶手套起家的费尔已成了当地的首富。其实，费尔改变命运的秘密非常简单，当大多数人都在关注"珍珠"的时候，他却创造了一片源源不断的"珍珠"产地。

　　为什么世界上聪明人很多，而成功者很少？很多聪明人在已经具备了不少可以成功的条件时，仍在期待更成熟的时机，从而失去了机会；而真正的成功则相反，他们从不等待万事俱备，只是竭力利用自身所拥有的哪怕是非常微弱的一点优势投身进去，让自己创造出机会，从而成长起来。

机不可失，时不待我。当你还在抱怨上帝偏心没有赐给你那个砸中牛顿的苹果时，不如去开创一片自己的苹果园。

## 不说没法干，只想怎么办

现实不可能因为逃避而改变，问题不可能因为逃避而消失，时间不可能因为逃避而凝滞。如果像鸵鸟一样，以为把头埋在沙里，就能躲过去一切，不仅是天真，消极躲避只会造成更多被捕的机会。对于现实问题，逃避绝对不是好办法，迎难而上勇于面对才是最好的出路。

压力之下，苦难面前，许多人会变得沮丧，失去勇气和信心，丧失对未来的向往和追求。有的人会由此沉溺下去，或得过且过，或玩世不恭。挫折和失败既给人制造痛苦和无奈，也能提高心理素质，增强心理免疫力，锻炼意志和抗挫折能力。遇到问题和困难不是大问题，关键是遇到问题和困难之后的心态和态度。

约翰·加德纳在《自我恢复》一文中说："成功者不是靠运气，而是一切源于理智，他们靠的是潜力和斗争。"不能说顺其自然就不对，但是顺其自然不是随波逐流，不是听任命运的肆意摆布，而是在顺应事物发展客观规律的前提下，主动行动，朝自己期望的结果去努力。

人常说，平平淡淡才是真，许多人把这句话拿来作为自己不奋斗不抗争的挡箭牌。事实上，平平淡淡的生活需要奋斗作为基础，不奋斗，不和命运抗争，遇到问题一味躲避，想平淡都平淡不下来。平平淡淡的生活状态是争取来的，不是等来的。有的人有勇气，也有胆量，不怕困难，敢于斗争，希望干一番轰轰烈烈的事情，但常常只停留在一个接一个的计划和打算中，行动的能力太差。

要么计划都是脱离实际的空想，狗咬刺猬无处下口，不知道该如何行动；要么舍不得吃苦受累，好逸恶劳，寄希望于侥幸取胜，企图靠投机获利，不能脚踏实地一点一点往前走，想一口吃个大胖子，但最终也是在原地打转。

不付诸行动，也是逃避。

只有那些不怕困难，敢于以实实在在的行动与命运抗争的人才是强者。

每个人心中都有理想，都有各式各样的想法，只是因为种种原因无法实现，更多的是因为不敢抛弃目前的生活状态，这与习惯有关，中国人一直就缺少冒险精神。韩国曾经有本书《成功并不像你想象的那么难》轰动一时，激励了一代人，让许多人放弃一切去追逐梦想。从比尔·盖茨、李嘉诚、戴尔等人的经历可以看到，许多成功者都是辍学创业而成就了一番事业。

抱怨的时候证明已经对现实状态不满意，既然不满意，应该勇敢去改变，而不是消极去适应。逃避是懦弱者的悲剧，迎战是勇敢者的抉择。躲避退守常常是担心偷鸡不成蚀把米，担心赔了夫人又折兵。人生常常需要有一种"舍不得孩子套不住狼"的精神，只有这样，才有可能取得更大的成功。当然，冒险精神不是盲目蛮干，而是在理性前提之下的进取。其实仔细想想，即使不成功又能如何，就权当再一次从零开始罢了，没什么可怕的。

跨出第一步有难度是情理之中的事，因为既要突破心理障碍，又要打破旧的秩序状态，而且其结果常常不可预知，会造成心里恐慌。人都有惯性，改变需要智慧，更需要勇气。佛家云："你的敌人在哪里，你的成就就在哪里。"逃避中敌人是少多了，但成就也相应没有了。回避现实的人，未来往往更不理想。

一个身材矮小的年轻人家庭十分贫困，家里都要靠他一个人养活。有一次，瘦小的他来到一家电器厂谋职。他走进人事部，向负责人说明了来意，请求安排一个哪怕是最低下的工作。

不为失败找理由，要为成功找方法。

这位负责人看到他衣衫褴褛、身材瘦小，觉得很不理想，但又不能直说。于是找了个理由：我们公司不缺人，你一个月后再来看看吧。谁知这个年轻人一个月后果真来了。

负责人没办法，说道："你这样脏兮兮的是进不了我们工厂的。"年轻人点点头，回去变卖了家里的一部分财产，又向亲戚借了点钱，买了一身整齐的衣服来面试。

负责人又告诉他："你关于电器方面的知识知道得太少了，我们无法帮你。"两个月后，年轻人又来了："我已经恶补了不少电器方面的知识，您看我哪方面还有差距，我会一项项来补的。"

这位主管盯着他看了半天，感叹道："我干了几十年，第一次遇到像你这样来找工作的。我很佩服你的执着和韧性，希望你能在这行有所作为。"这位年轻人如愿以偿地进入了电器行业，并经过多年努力成为该行业举足轻重的人物。他就是日本松下电器公司的总裁松下幸之助。

很多人面对求职被拒绝的时候，都会另外寻找机会，心里暗骂"此处不留爷自有留爷处"，却很少对自己的面试失败找原因。松下幸之助面对拒绝时，却一次次地找到了让对方再次接纳自己的方法，并努力做大，一次次的执着，使对方给予了他成功的道路。

追求成功的过程往往不是一帆风顺的，在人生奋斗的征途中，失败常常与人做伴。但强者总是不言失败的，而且"屡败屡战"，最终取得成功。反之，如果有人一遇到困难便中途退却，一遭到挫败就灰心丧气，轻易放弃自己的追求，那他的失败可就多了。

人生的际遇各有不同。事实上，成败的关系就像鸡生蛋、蛋生鸡，每一次失败都是塑造成功的契机；每一次失望，都是沉默的上天为你指引走向预定命运的道路。"孩子，你走的路错了，这不是通往你命运的道路。也许你该改变做法，你所做的不是你的专长，磨炼磨炼你的技巧……"老天爷说，"就算你不愿意，我还是要指引你走向你的命运。"

失败其实并不存在，只是上天助你一臂之力，使你重新改变方向。

失败并不可怕，因为失败可以化为成功的动力。有一种情况倒是可怕的，那就是借口。一遇到某种困难或某种烦恼，首先想到的是抱怨，寻找理由和借口，于是便放弃自己的奋斗，改变自己的追求，那才是真正的失败。

不言放弃，矢志努力，静下心来找出失败的原因，找出下一步该如何走才正确。越战越勇，即使努力的见成效微乎其微，但离成功的目标也是有所接近。一旦放弃了努力，就失去了与成功接近的可能。

所以，面对失败，我们不能把它当作成功的障碍，而要把它当作成长的跳板，沉着忍耐，以"有朝一日"来勉励自己前进，默默地吃苦耐劳，在自己应走的轨道上前进。

正如朝阳一样，"早晨一定会到来，晴朗的日子一定会到来"。

人生是一个积累的过程，即使跌倒了，也要懂得抓一把沙子在手里。不要为失败找理由，那只会让你更加远离成功，静下心来，把缺点克服掉，成功离你会更近。

## 即便悬崖峭壁也可攀岩而上

有位学者说，西方人和东方人的心理素质有很大的区别，西方人容易冲动，不喜欢平静，所以常常燃烧着探险的欲望；而东方人喜欢平静安宁，选取一种恬闲的人生态度。应该说，这种观点是有道理的，但只能说是一种"大概"的把握，不是绝对的。

清末杰出的爱国主义者魏源，是一位著名的旅游家，他在游历山水时，"寻幽不惮遥，山深险亦好"，充满着探险的激情和毅力，他说"奇从险处生，快自艰余获"，认为奇异的风景往往生在危险的地方，在艰难的跋涉之中，会获得一种快感。同时，因这体验的反复和持续，日子一长，会铸就人新的性格、新的人生态度，会使人具有一种能够压倒一切的英勇无畏的气势。

很多人都读过英国作家丹尼尔·笛福所写的《鲁滨逊漂流记》，这本书就告诉人们在困难中不能丧失勇气。勇气和毅力是最可贵的，没有它，你永远摆脱不了困境。

书中讲述了一位名叫鲁滨逊的英国人，喜欢航海和冒险。他本可以按照父亲的安排，依靠殷实的家业过一种平静而优裕的生活。然而，一心想外出闯荡的鲁滨逊却当上了充满惊险和刺激的水手，依靠难以想象的坚强、毅力和勇气，他依靠自己的智慧和辛勤劳动，开荒种地、砍树建房、圈养山羊、修造船只，并搭救野人"星期五"。

正当鲁滨逊准备救出一批沦为土人的西班牙船员时，被一群暴徒劫持，并被送上了荒岛。鲁滨逊又一次表现出超常的勇气，他单枪匹马地打败暴徒，救出船员，夺回大船，结束了自己的荒岛生活。

回避现实，未来更不理想。

一次，他乘船前往南美洲时，途中遇上大风，船翻了，同伴们都死了，只有鲁滨逊一个人幸运地存活了下来。鲁滨逊被大浪冲到海岛边，这是一个荒无人烟的海岛，面对着这恶劣的环境，又冷又饿的他不知怎样生活下去。

面对死亡的逼近，他绝望、愤怒，感受到了死亡的恐怖，体验了"提前进入死亡"的滋味。然而，生存的强烈欲望、人格受到压抑时的反抗意识，以及超越自然的内在潜能，激发了他的智慧和力量，他终于战胜险恶，挣脱了死亡线的缠绕，进入了生的世界。

瀑布因为对悬崖无所畏惧，所以才唱出了气势磅礴的生命之歌。记得有位诗人写过这样一首小诗：当我从恐怖中走出来，连风都变得骠悍，震出裂缝的心长出坚实的紫痂，像钢铁的盔甲，再不怕世俗的刀剑。相信我——会呼啸着活在"永恒"里！

## 没有干不成的事，只有干不成事的人

一个铜钱的故事，真正看懂的人，都成功了。

虽然只是一个故事，却将成功之道演绎得如此透彻！

有个年轻人，抓了一只老鼠，卖给药铺，得到了一枚铜币。他走过花园，听花匠们说口渴，他又有了想法。他用这枚铜币买了一点糖浆，和着水送给花匠们喝。花匠们喝了水，便一人送他一束花。他到集市卖掉这些花，得到了八枚铜币。一天，风雨交加，果园里到处都是被狂风吹落的枯枝败叶。年轻人对园丁说："如果这些断枝落叶送给我，我愿意把果园打扫干净。"园丁很高兴："可以，你都拿去吧！"年轻人用八枚铜币买了一些糖果，分给一群玩耍的小孩，小孩们帮他把所有的残枝败叶捡拾一空。年轻人又去找皇家厨工，说有一堆柴想卖给他们，厨工付了16个铜币买走了这堆柴火。年轻人用16个铜币谋起了生计，他在离城不远的地方摆了个茶水摊，因为附近有500个割草工人要喝水。不久，他认识了一个路过喝水的商人，商人告诉他："明天有个马贩子带400匹马进城。"听了商人的话，年轻人想了一会，对割草工人说："今天我不收钱了，请你们每人给我一捆草，行吗？"工人们很慷慨地说："行啊！"这样，年轻人有了500捆草。第二天，马贩子来了要买饲料，便出了1000枚铜币买下了年轻人的500捆草。几年后，年轻人成了远近闻名的大富翁。

故事很简单，也很有意思。

这位年轻人的成功不是偶然的，因为他具备了现代人的管理素质。

一是他很有思想。他明白要想得到就一定要付出。他先送水给花匠喝，花匠得到了好处，便给了他回报，这也是双赢的智慧。

二是他很有眼光。他知道那些断枝落叶可以卖个好价钱，但如何得到大有学问。所以，他提出以劳动换取，这也符合勤劳致富的社会准则。

三是他很有组织能力。他知道，单靠他一个人难以完成这项工作。他组织了一帮小孩为他工作，并用糖果来支付报酬。从这一点看，他具备领导艺术和管理的才能，他用较低的成本赢得了较大的投资收益。

四是他很有信息意识。他可以从和商人的谈话中捕捉赚钱的机会，再用茶水换来一大批草，转手卖了个好价钱。这一点，与我们今天在信息时代的经济贸易非常吻合。

我们每个人都梦想成功，而且财富就在我们身边。有的人抱怨财运不佳，有的人埋怨社会不公，有的人感慨父母无能……其实我们真正缺乏的正是勤奋和发现财富的慧眼。

## 战略上藐视困难

卡耐基说："冒险是一种奋斗，一种促使人生变得更加辉煌的奋斗。"

拿破仑说："最重要的是，不论事情是成功还是失败，要敢于自始至终去奋斗，去拼搏。"

一位著名的哲人也曾说："生命是一个奥秘，它的价值在于探索。因而生命的唯一养料就是冒险。"

生命是罐头，胆量是开罐器。

的确，你的才华、你的能力，只有通过冒险，通过克服一道道难关才能锻炼和展现出来。安于现状、不思进取的人，没有危机感的人，不愿参与竞争和拼搏的人，则由于其思想意识懒散而呆滞、反应迟钝。

什么样的人最适合创业？

答案是：赌徒。

道理很简单，创业本身就是一项冒险活动。赌徒最有胆量，敢下注，想赢也敢输，所以，他们最适合创业。科学研究发现，赌徒的心理承受能力远远强过普通人，而创业正是最需要强大心理承受能力的一项活动。

据有关研究发现，成功人士都有某种程度的赌性，企业界人士尤其如此。

当年在深圳开发 M-6401 桌面排版印刷系统，史玉柱的身上只剩下了 4000 元钱，他却向《计算机世界》定下了一个 8400 元的广告版面，唯一的要求就是先刊广告后付钱。他的期限只有 15 天，前 12 天他都分文未进，第 13 天他收到了 3 笔汇款，总共是 15820 元，两个月以后，他赚到了 10 万元。史玉柱将 10 万元又全部投入做广告，4 个月后，史玉柱成为了百万富翁。这段故事如今为人们津津乐道，但是想一想，要是当时 15 天过去，史玉柱收来的钱不够付广告费呢？

要是之后《计算机世界》再在报纸上发一个向史玉柱讨债的声明呢？我们大概永远也不会看到一个轰轰烈烈的史玉柱和一个赌性十足的史玉柱了。

创业需要胆量，需要冒险。冒险精神是创业家精神的一个重要组成部分，但创业毕竟不是赌博。创业家的冒险，迥异于冒进。

有这样一个故事：一个人问一个哲学家，什么叫冒险？什么叫冒进？

　　哲学家说，如有一个山洞，山洞里有一桶金子，你进去把金子拿了出来。假如那山洞是一个狼洞，你这就是冒险；假如那山洞是一个老虎洞，你这就是冒进。这个人表示懂了。哲学家又说，假如那山洞里只是一捆劈柴，那么，即使那是一个狗洞，你也是冒进。这个故事什么意思呢？它的意思是说，冒险是这样一种东西，你经过努力，有可能得到，而且那东西值得你得到。否则，你只是冒进，死了都不值得。创业者一定要分清冒险与冒进的关系，要区分清楚什么是勇敢，什么是无知。无知的冒进只会使事情变得更糟，你的行为将变得毫无意义，并且惹人耻笑。

　　生命是罐头，胆量是开罐器，我们要握着有胆量的开罐器，才能打开生命的罐，也才能品尝里头的甜美滋味！

　　生活中渴望成功的人很多，这些人并不是没有机会，也并不是没有资本，他们缺乏的往往是成功最需要的意志力，对于一些人生必经的困难往往缺乏"挺住"精神，因此他们输掉了人生、输掉了世界。

　　著名诗人里尔克曾经说过"挺住便是一切"，是的，"挺住"便能拥有一切。一个拳手曾经说过："在受到对手猛烈重击的情况下，倒下是一种解脱，或者说是一种诱惑。每当这个时候，我就在心里对自己叫喊：挺住，再坚持一下，再坚持一下！因为只有我不倒下，才有取胜的可能。"

　　人生就好比一场拳击比赛，充满了躲闪与出拳，如果足够幸运，只需一次机会、一记重拳而已，但首要的条件是你必须得顽强地站着，这就是"挺住"精神。

挺住，是一种伟大的力量，"滴水穿石，铁杵成针"，"锲而不舍，金石可镂"。

印度加尔各答儿童之家墙上贴有特蕾莎修女写的"人生戒律"。这些戒律在世界不同的角落被不同的人用来激励自己和身边的人，被人们广为传诵。她这样写道：

你如果行善事，人们会说你必定是出于自私的隐秘动机。不管怎样，还是要做善事。

你今天所做的善事明天就会被人遗忘。不管怎样，还是要做善事。

你如果成功，得到的会是假朋友和真敌人。不管怎样，还是要成功。

你耗费数年所建设的可能毁于一旦。不管怎样，还是要建设。

你坦诚待人却受到了伤害，不管怎样，还是要坦诚待人。

心胸最博大宽容的人，可能会被心胸狭窄的人击倒。不管怎样，还是要志存高远。

人们的确需要帮助，但当你真的帮助他们的时候，他们可能会攻击你。不管怎样，还是要帮助他人。

将你所拥有的最好的东西献给世界，你可能会被反咬一口。不管怎样，还是要把最宝贵的东西献给世界。

我们做任何事情，都会遇到意料不到的新情况、新问题、新障碍。即使你所做的一切非常有益，仍可能遭到别人的歪曲、嫉妒、贬斥；在人生的道路上你也许会彷徨、迷茫乃至忍受屈辱，还会有种种不如意、不受欢迎、不被认同。

特蕾莎修女的"不管怎样，还是要……"就是战胜这一切的法宝。只要方向正确，只要不断付出努力，就应坚信——挺住就是一切，挺住就是胜利。

## 不要借口，只要决心

成功的十六个字：目标明确，积极思维，大量行动，懂得配合。我们总是听见这样的告诫声：不要因为自己的过失而为自己找借口。可是，生活当中人们往往还是为了顾全面子而不思进取地忽略这一点。

其实，在每一个借口的背后，都隐藏着丰富的潜台词，只是我们不好意思说出来，甚至我们根本就不愿说出来。要知道借口让我们暂时逃避了困难和责任，获得了一些心理的慰藉。但是，借口的代价却无比高昂，它给我们带来的

为自己找借口，永远不会进步。

危害和心理上的压力一点也不比其他任何恶习少。为自己的过失找借口是增加自己成功路上的绊脚石，是人心里的恶魔，也是不自我检查、不自我批评、不自我改过的表现之一。其实找借口的人往往都在逃避自己的责任，因此而不去面对，但他没有想到这样的想法

是愚蠢的。

人非圣贤，孰能无过？工作中、生活中敢于承认错误、敢于承担责任、知错能改才是智者。举个例子来说，优秀的员工从不在工作中寻找任何借口，他们总是把每一项工作尽力做到超出客户的预期，最大限度地满足客户提出的要求，而不是寻找各种借口推诿；他们总是出色地完成上级安排的任务，替上级解决问题；他们总是尽全力配合同事的工作，对同事提出的帮助要求，从不找任何借口推托或延迟。万事都应该从自己做起，当然在工作当中对于复杂的问题我们不要轻易地就去寻求别人帮助，或者找借口把自己遇到的难题推卸到别人身上。对我们而言，无论做什么事情，都要记住自己的责任，无论在什么样的工作岗位上，都要对自己的工作负责，不要用任何借口来为自己开脱或搪塞。

当我们在为自己找借口时，那只是暂时性的逃避，是不可能让你如意一世的。

但是，无论在生活或学习中，都难免会有为失败去找借口的时候，更希望这个借口是合理的，然而人们却往往不知为这个借口付出了多少代价。

所以，不要有太多的借口与理由，没有什么事是不可能的，而是怕你不去想方法。"世上无难事，只怕有心人"，许多事情不是你做不好，就怕你不去做；许多事情不是你做不到，就怕你想不到。不要让找借口形成一种习惯，那么就会使你有着积极的意志和蓬勃向上的激情。

拒绝借口，看似冷漠，缺乏人情味，但它却可以激发一个人去挖掘自己最大的潜能。许多借口会使你失去拼搏的机会，所以不要为自己找借口。遇到困难时，即使真的有理由，最好也不要辩解，因为我们可以把辩解的时间用来解决困难，那不是更好吗？做任何一件事失败的时候不要为自己找借口，并且不要把时间花在怨天尤人上，因为借口永远不等于成功，而你没有多余的时间来浪费。

《方舆胜览·眉州·磨针溪》：世传李白读书象耳山中，学业未成，即弃去，"过小溪，逢老媪方磨铁杵，问之，曰：'欲作针。'太白感其意，还卒业"。比喻人只要肯下功夫，持之以恒，便无事不成。

世上的思想家深明事理，常以不同的方式来说明坚持不懈的重要性。穆罕默德曾说："好运和坚持的人在一起。"莎士比亚则用美妙的比喻来阐明这条真理——水能穿石。

石头坚硬，但是雨滴不断地滴在石头上，会洞穿石头。其实，中国也有相似看法——水滴石穿。可见，在真理面前，智者的看法总是相似。

竞技场上的法则是，谁是真正的勇敢者，谁能坚持到最后，谁就是胜利者。林肯深深地领悟到了其中的道理，他说："此路破败不堪又容易滑倒，我一只脚滑了一跤，另一只脚也因此站立不稳，但我告诉自己，这不过是滑了一跤，并不是死掉再也爬不起来了。"

南朝范晔的《后汉书》中"乐羊子妻"的故事令人深思：乐羊子在路上拾到一块金子，回家交给妻子。妻子说："我听说有志气的人不饮'盗泉'之水，不受嗟来之食，何况拾取别人丢失的东西谋求私利而玷污自己的品德呢？"

乐羊子非常惭愧，把金子扔到野外，到很远的地方求师学道去了。

过了一年，乐羊子回来了。妻子问他回来的缘故。乐羊子说："只是出门久了，想家，没别的事情。"

妻子拿刀走到织机跟前说："这绸布是蚕儿吐出来的丝，经过织布机一根丝一根丝地积累起来，才积到一寸那么长，又一寸一寸不停地积累，才能成丈成匹。现在如果割断这块绸布，那就会半途而废，白白浪费时间。你出外求学，半路上就回来了，那和割断这绸布有什么两样？"

乐羊子惭愧，回去修完学业。

可见，想要达成目的，必须持之以恒地坚持，无论遇见何种状况。我们在日常的工作中何尝不该如此，解决问题时，要谨记永不放弃，不断坚持。我们也可时常鼓励自己：尽管问题像山一样高大，但只要想法比山高，就可以超越任何困难。

齐白石年轻时爱好篆刻，挑来一担石头，夜以继日地练习篆刻。他边刻边以之与篆刻名家的作品对照、琢磨，刻了磨平，磨平了再刻，手上磨起了泡，仍然专心致志地刻个不停。日复一日，年复一年，石头越来越少，地上淤积的泥浆越来越厚，最后，统统"化石为泥"。

成功就是这样，往往躲在拐角后头，静静地等着那些执着的斗士们。所以，失败的后面可能就是成功，只需要你再坚持一会儿，再挺进一步。

# 世上没有死胡同

欧洲曾有一位著名的登山运动员在阿尔卑斯山区失踪，当人们在 13 天后找到他时，发现他居然就在离最初失踪地点 6 公里远的地方。有人问他这些日子究竟干了些什么，他的回答则更让人吃惊：自从迷路之后，他每天依然保持走 12 小时的路程。当时他一直认为，只要自己坚持走下去，不用几天就会走出山区，"谁料到我竟会在原地绕圈子呢？"这就是迷失方向带来的结果。

这种盲目地绕圈子现象，在生活中并不鲜见。有时禁不住浮华世界的种种诱惑，抛弃了心中的理想，失去了奋斗的目标；有时沉浸在细微小事

雨下得太久，天总会放晴的。

上，拘泥于陈腐教条，谨小慎微，做事放不开手脚，迈不开步子；有时骄傲自满，夜郎自大，在自以为是中成了井底之蛙。这些都会成为我们在人生道路上的蒙眼布，从而使我们不知不觉地偏离方向和目标而步入误区。

船舶远航，飞机飞行，必须用高度精密的现代化仪器来指示方向，这样才能安全顺利地到达目的地。要实现自己的人生梦想，达成人生目标，也应该经常地酌情调整航向，不断修正自己前进的方向，职业生涯的规划同样需要学会调整自己的"坐标系"。

专业人士常讲，个人的职业生涯发展计划基本上可以分三个方向：第一，纵向发展，即员工职务等级由低级到高级的提升。第二，横向发展，指在同一层次不同职务之间的调动，如由部门经理调到办公室主任。此种横向发展可以发现员工的最佳发挥点，同时又可以使员工自己积累各方面的经验，为以后的发展创造更加有利的条件。第三，向核心方向发展，虽然职务没有晋升，但是却担负了更多的责任，有了更多的机会参与单位的各种决策活动。以上这几种发展都意味着个人发展的机会，也会不同程度地满足员工的发展需求。

当某一方向暂时走不通时，可以考虑其他两个方向有没有发展的可能，只要某一方面有了进步，就可以说你是始终向前的。一般人往往过多想到的是纵向发展，其实，单一方向的发展并不利于人的全面成长，另外两个方面和纵向发展一样重要，它们同时支撑着人的发展的长远性。

而且，人生中还经常会遇到无数来自外部的打击，这些打击究竟会对你产生怎样的影响呢？最终决定权就在你手中。

一个孩子手中拿着一条长龙，那是祖父用纸给他做的。这条长龙的腹腔有一个空隙，空隙小得仅能容纳几只蝗虫，而龙头和龙尾都是活的。有一次，祖父将几只蝗虫从龙头投放进去，并将龙头封死，将龙尾敞开。没过多久，所有的蝗虫都在里面饿死了！祖父解释说："蝗虫的性子太躁，当它遇到困难的时候，考虑的只是挣扎，以为只有挣扎才是唯一的出路。因此，尽管它有铁钳般的嘴壳和锯齿般的大腿，却没有考虑用嘴巴咬破长龙，也不知道向前行走就可以从另一端爬出来，所以，它们只能都饿死在纸龙里。"

学会冷静地审视自己，学会了解自己所处的环境，学会经常调整自己学习、工作和研究的方向，如果偏离了正确的人生轨道，就应该赶紧把自己往回拉一拉、拽一拽，保证始终为向往的事情而不懈努力、顽强拼搏。

此外，还应该耐得住寂寞，守得住清贫，锲而不舍，敢于坚持到底。如果你还没有到达目的地，总是无缘无故地怀疑自己走错了路，总是在徘徊犹豫中停下前进的脚步，或者看到周围有点"风景"，就流连忘返，忘记自己的人生目标；或者觉得自己期待的理想芳草地遥遥无期，结果在一步之遥处停了下来，就会功亏一篑，给自己的人生之旅留下太多的遗憾。

生活并不原谅盲目者：你越是绕圈子，得到的进步就越少。生活也一定会回馈不懈努力者：只要你善于及时调整航向，坚持不懈地走下去，就一定能到达令人仰慕的成功彼岸。

通常情况下，人们在面对困境的时候，总是会心灰意冷，甚至对一切失去了希望。因为心灰，引起情绪低落，对什么都提不起心思和兴趣，于是造成连锁反应，觉得一切都不顺心，以为自己真是走进了绝路，觉得自己迷失了，看不到前方，找不到希望。面对这样的状态，积极的人会努力寻求自助的方法，如勇于面对问题，积极地去解决它，然后依靠自己的努力，把所有的逆势慢慢地扭转，让生活的重点尽量地回归。消极的人会倍感绝望，每天都沉浸在苦恼和无助之中无从排解。前方无绝路，希望在转角，就看你怎么去找到那个转角。

穷则变，变则通。英国经过工业革命赢得了"世界工场"的地位，日本因为明治维新踏上了世界强国的末班车。

海伦·凯勒在身残的绝境中看到了转角处的希望——她的双手可以写出最优美的文字。苏东坡在仕途坎坷的绝路上看到了转角处的希望——"大江东去，浪淘尽，千古风流人物"，隽永诗篇赢得流芳百世。毛泽东、周恩来在半殖民地半封建社会的绝路上看到了转角处的希望，一转头便是新中国的焕然一新。

盛大总裁唐骏曾说："面对壁垒，最好的方法就是绕过它。"在前进的路上，你可以选择勇往直前，一头撞死在壁垒上，也可以选择转个弯迎来一条宽广大道。那么，不妨带一盏明灯，在漫漫黑夜旅途上，走不下去的时候，转个弯，照亮转角处的希望。

前方无绝路，其实是一种心境，生活中，没有真正的绝路。路的尽头，只要你愿意继续走下去，也能走出一条新路。所有的事情，总有解决的方法，目前不能解决的，只是没有找到适合的方法，而不是无从解决。

天的尽头，有地；海的边线，有岸。曾经以为的绝望，在到了尽头的时候，也会豁然开朗，原来，我们所以为的绝望，只是灰暗的尽头，而希望，就在那尽头处，到了绝望的边界，转个弯，也就到了生命的另一个境界。就如"山穷水复疑无路，柳暗花明又一村"。

面对人生困境之时，请为自己打气：前方无绝路，希望在转角！相信天下不会有断绝的死路，虽一时处于绝境，但终归可以找到出路。

# 第三章  挑战自己的极限

不喝醉一两回怎能知道自己的酒量？不挑战自我怎能知道自己的能力极限？只有挑战过后，才能发现自己原来也可以这么伟大，这么优秀。

可以单项挑战，也可以多项挑战，或综合挑战。挑战能力、挑战心理，也可以能力和心理一起挑战。

能力是什么？能力就是能干什么，力量有多大。心理挑战虽然抽象，但举个例子后就很好理解了，如挑战忍耐力，就是要忍平常所不能忍者，即便到了忍无可忍的地步，也还是要坚定信念继续忍耐。

挑战自己就不能给自己留任何情面，挑战自己就是要对自己下手狠一点，再狠一点，只有把自己逼到墙角了，才能爆发出自己都难以置信的巨大能量。要像挑战别人那样挑战自己，把"我"一分为二，这个"我"挑战那个"我"，就是不服气，一定得分出个输赢来。

挑战自己的过程其实就是建立自信心的过程，也是客观认识自己的过程。客观和自信对于做人做事都很重要，很难想象一个不自信的人能干成什么大事，只有客观主义者才能找到为人处事的阳关道。

## 极限挑战不是冲动而是智慧

人之所以能，是因为相信能。每个人心中潜藏的那个沉睡的巨人，需要用信心将他唤醒。信心与能力通常是齐头并进的。信心是对生活充满乐观和进取的信念，是克服困难的决心和勇气，是任何情况下都不动摇并努力奋斗的动力源泉。信心使人拥有无穷力量，使人永不服输。

相信自己能移动一座大山，你就能够移动一座大山。这是一种信念，是一种"我能积极主动，所以我能够"的态度，它可以激发出完成某件事情所需要的力量技巧和充沛精力。当你相信"我

之所以能，是相信能。

能做"的时候，"如何做"的方法就应运而生。而"如何做"的方法总是照顾那些相信他能够做到的人。能者，信者，这世界，是信者的天堂。

数千年来，人们一直认为要在四分钟内跑完一英里是完全不可能的事情。但是，1954年5月6日，美国运动员班尼斯特却打破了这个世界纪录。他是如何做到的呢？他表示，每天早上起床后，他

便大声对自己说："我一定可以在四分钟内跑完一英里！我一定可以实现我的梦想！我一定能够成功！"如此高喊一百遍，然后在教练库里顿博士的指导下，进行艰苦的体能训练。终于，他以 3 分 56 秒 6 的成绩打破了一英里长跑的世界纪录。更加有趣的是在随后的一年里，竟有 37 人进榜，而再后面的一年里进榜者更高达二百多人。班尼斯特能打破世界纪录的原因即是他有足够的信心，他相信自己能打破世界纪录。

没有信心的生活，是不完美的生活。可能会有人说那是很缥缈的东西，可因为看不见，才能产生一种精神寄托，不知不觉中影响我们的生存方向，成为我们成功的一种动力。

成立于 1927 年的美国布鲁金斯学会，曾培养出成千上万个优秀推销员。该学会保留着一个惯用的做法，每到一定的时候，出一道刁钻的推销试题，让学员去完成。"请把一把斧头卖给小布什总统"是 2000 年的题目。总统要斧头干什么？即使要，他会亲自买吗？简直是国际玩笑！可是，一位叫乔治·赫伯特的人偏偏完成了这桩看似不可能的交易。

赫伯特发现小布什家有个小农场，所栽的橘树死掉了一些，应该砍掉，而小布什也有抽空"务农"的爱好，作为消遣。于是赫伯特写信给小布什，说自己有把大小适中的斧头，是爷爷留下来的，正好适合总统料理果园。殊不知，小布什果真寄给赫伯特 15 美元，于是赫伯特送上斧头，好一个"一手交钱，一手交货"。

事后有人问赫伯特卖斧头的成功经验，他笑答："总统也是人，如果把他看得太伟大、太神秘，就没有卖斧头给他的信心了。事情一开始，我就认为把斧头卖给总统是完全可能的。"赫伯特自信力相当高，不因为有人说某一目标不能实现就放弃，不因为某种事情难办就失去信心。

这样一道题目：$100-1=0$，如果从数学的角度看，答案必错无疑。但是，从人生的角度看，题目却蕴含了深刻的人生哲理。这里的"1"，并非数字"1"，它指代和象征着人的一颗信心。无数的人生经历告诉我们：一个人失去信心必将一事无成。

那么，我们该如果跻身于这样的世界？

首先，我们要相信自己，相信自己是最优秀的，你认为你行，你就行。这不是泛泛之说而已，在平常没有阻力的时候，说说很容易；只有到了困难重重、步履维艰的时候，才能真切地应验这句话是不是能够做到。

在遇到困难的时候，找不到前进的方向，这个时候，有没有信心，效果会很不相同。只有在这个时候，真正地相信自己，才是对自己有信心。凭借这种信心，可以在没有思路中找出思路，在困境中向前突破。如果这个时候，丧失了自己的信心，自己也不再相信自己，那么也就没有精神支持自己向前突破，那么即使有潜能也没有机会发挥，未来的发展也就成为幻影。

信心是特效药，她赋予思想以力量和生命，信心是种神奇的东西，凭借着信心，诞生了许多奇迹，而且在信心的指引下，还有许多奇迹能够创造。信心是精神力量，信心调动的方法就是你要彻彻底底地相信，相信自己，相信潜能，相信自己背后无限的力量，相信了这些，就打开了能量的阀门，就打开了希望的天空，于是一切就有了新的可能，有了新的超越。

我们要相信自己的设想，能够通过积极的心态而实现，这也与相信自己密不可分。在相信自己的情况下，发挥出了潜能，同样也相信自己对未来的期许设想必将会实现，相信各个方面的情况都会向好的方面发展，你的设想、你的信心，就会引领着你，积极冲创，你相信目标会实现，目标就一定会实现，最终使心中的图景变成了现实。

人之所以能，是相信能！思考失败就会失败，思考成功就会成功，没有人会相信你，直到你自己相信自己。

如何获得信念的力量？思考成功，不要思考失败；不断地提醒自己，你比你想象的要好得多；勇于相信你的成功大小取决于自己的信念大小，思考渺小的目标，就会期望小的成就，思考大的目标，就会赢得更大的成功。

## 逼近能力的极限

会思考的人，思维是全面的，在别人说 1 的时候，他应该想到的是 2，人总是要靠这样多想几个问题才能成功。为什么许多人终身劳碌却一无所获？有些人不甚忙碌却颇为富有，甚至是不劳而获？

事实上，后者看似清闲，却是把全部精力放在了他真正应该投入的地方，他明白应该在什么地方投入许多精力，而有些事情根本不需要投入精力。前者这种愚勤的人，看似终日奔忙，但是他却不知道自己真正该做的重点是什么，他们的原则是：这是工作，就要完成，至于为何要完成这些工作，怎样才能完成这些工作，他全然不知，也全然不想。

华尔街聚集了来自世界各地的投资者，也是世上最精明投资者争夺利益的战场。著名的金融家摩根就在这条街上，不过他与众多的投资者不同。人们大多数时间看见他在休假，或者是娱乐，他每周的工作不到 30 小时。

事不三思总有败，人能百忍自无忧。忍耐，逼近自己的心理极限。

人们大为不解，就问他为何如此轻松却赚到了那么多的钱？

他回答说："我每天到处游荡，其实也是工作的一部分，只有远离市场，才能更客观地看透市场。那些每天都守在市场的人，最终会被市场中出现的每一个细节所左右，也就失去了客观的判断力，等于是被市场给愚弄了。"

洛克菲勒这么说："我永远信奉做事越少，赚钱越多的真理。我的时间有限，我只去做那些需要自己思考的事情，这才是我真正经商致富的关键。"

善于思考问题，多想问题是商人应该做的事情。为了避免做错决策，应该全面地看问题。古人说得好：三思而后行，这就是教我们要养成做事前多思考的好习惯。决定做一件事的时候，特别是重大问题时，必须要进行全方位的考虑，拿不准的时候多听听旁人的意见，也很有好处。

三思而后行与快速地把握时机并不矛盾，做事情要学会把握时机，同时在决策的时候还要多去思考。这样的人才有希望到达成功的彼岸，立于不败之地，有道是"事不三思总有败，人能百忍自无忧"，尤其会思考的人都是能够很好地控制自己的情绪以使自己冷静的人。

有些人脾气粗暴，动不动就大发雷霆。有些人则慈眉善目，忍辱礼让，有一副谦恭待人的好气度。修心必先修德，养身须先制怒。也许有人会说，喜怒哀乐是人之常情，生活在充满矛盾的世界上，谁不曾遇到过生气别扭、令人气愤发怒的事呢？然而，生气发怒无论从人体养生还是修身养性上讲，都是有百害而无一利的。古人云：忍一时风平浪静，退一步海阔天空。人如果能做到宽怀大度，忍辱不辩，自然就能远离是非，无忧无虑，度过一个逍遥自在的人生。

《论语·卫灵公》中说："小不忍，则乱大谋。"《史记》中说："小不忍害大义。"民间有谚语，"忍能生百福，和可致千祥"，"一勤天下无难事，百忍堂中养太和"。唐代张公艺写的《百忍歌》中说："仁者忍人所难忍，智者忍人所不忍。思前想后忍之方，装聋作哑忍之准。忍字可以走天下，忍字可以结邻近。忍得淡泊可养神，忍得饥寒可立品。忍得勤苦有余积，忍得荒淫无疾病。"

世界是由阴与阳构成的，人在世上活着也就是一舍一得的过程。无法否认人有着强烈的欲望，如对金钱、权势、声名和感情，欲望是人的本性，也是社会前进的动力。很多时候，欲望这头猛兽让大家很难把握，不是不及就是过之。于是产生了很多悲剧，留下了许多遗憾，有的人越是要得到，越是放不下，而真正取得成功的人，则是会先忍而后得。

能把"忍功"做到多大，将来的成就就能有多大。从古至今，有无数著名人物取得了流芳千古的丰功伟业。纵观他们的成功，无不得益于对忍字的把握和了悟。韩信受胯下之辱方成大器；勾践卧薪尝胆终得灭吴；田忌与齐王赛马，以下驷对齐上驷、上驷对齐中驷、中驷对齐下驷，忍了小负之悲，成就全胜之喜。

人是如此，万事万物又何尝不是这样呢？蛇是在蜕皮中长大的，金是在沙砾中淘出的。按摩的疼痛之后是舒畅，春天是走过冬天的繁荣。

生活的艺术就是忍的艺术。抱着执着的心奔向自己的理想与事业，放弃对虚名的争夺、对金钱的贪婪、对徒劳的争吵，把一切多余的全部抛弃。使自己的生命有了明确的主题，从而以一种从容不迫的心态去面对人生。

韦文军因为其传奇般的发家史被称为马桶里飞出的艺术总监。在第一天应聘时，因为没资历没能力，总经理两次拒绝了他，他还是不死心，要求公司包吃住就可以了。公司勉强答应了，开了个苛刻的条件，韦文军必须负责打扫公司的卫生间，包括刷马桶。

韦文军每天要把近 700 平方米的办公场所里里外外打扫个遍。从清晨一直干到中午，余下时间韦文军便坐在别人电脑前，看着别人操作。等大部分人下班后，韦文军再收拾一遍众人留下来的垃圾，匆匆吃过晚饭，趁着夜深人静看各种专业书籍，并且上机练习操作。

就这样过了很长时间，老板发现韦文军3D装修效果图画得很好，提拔他做了设计总管，之后韦文军又被提升为艺术总监，专门负责为3D图纸的艺术效果把关。两年之后，韦文军带着积攒的50万元开了一家属于自己的装饰公司。

忍耐是痛苦的，但是它的结果是甜蜜的。不论是对逆境，还是内在的烦恼和外在的灾祸都要忍。因此，每个人遇事都要先退一步，才能够做全盘、客观的考量，使得人际关系更融洽。

能够忍，就有充分的时间、足够的弹性让自己调节节奏和想法，就不会一时冲动，做出不该做的事。因为忍，而能够成就宽阔的胸襟、豁达的个性，让自己广结善缘。所以，就世间人而言，忍可成就健全的人格、圆满的人际关系、幸福的家庭、成功的事业，乃至于因为少恼少怒，可以增进身体的健康。进一步说，忍耐可以促进社会祥和，提高人们的心理素质。

一个人受到别人的毁谤，让他不气恼，是非常不容易的，尤其是感觉委屈冤枉时，更是火上浇油，心生嗔念，甚至与人拼个你死我活，不肯罢休。假如人们在受毁谤时，能自我反省，有则改之，无则加勉，则十分难得。

有了一颗忍耐心，你就能做到：有所求时不会过分贪求，有所失时也不会过分烦恼；有了荣耀堪称是大家的成就，受到毁谤反而觉得受到了教益。

忍是一种"以退为进"的心态，是身心修养后方可具有的能力，它属于一种明心见性的"处事态度"，亦可进一步解释为忍辱之心或无争之心。但是，"忍"并不等于提倡无所作为，不是软弱，把忍耐心庸俗化、世俗化、简单化，都是对"忍"本意的曲解。忍耐心是一颗超越的心，超越的过程是向物质世界和精神世界挑战的过程，而不是逃避。

在人类世界中，击败自己的不是贫穷、不是疾病、不是天灾人祸，而是自己那颗不平静的心。我们是自己最大的敌人，我们需要超越自我人性中的贪婪、嫉妒、自卑、骄傲、自满……有时候，我们也需要一些妥协的精神，甚至要有放弃唾手可得的荣耀和奖杯的胸怀。

学习吃亏能养德，有时吃点亏，并不是坏事：从吃亏中，可以积累人生的智慧；从吃亏中，可以学会处世的精髓。尤其是与人相处，难免有所亏欠，能够不计较、想得开，是成功必备的忍耐心。是非以不辩为解脱，烦恼以忍辱为智慧，办事以尽力为有功。

## 妥协使精神变得平庸

人生总是有潮起潮落，不能总是期盼一帆风顺，我们要坚信，风越大，浪花开得越美，经历过一番拼搏的人生才更加绚丽。长江永远奔流前进着，它知道最美的风光总在前头；礁石永远迎着风浪站立；追求光明的人，并不埋怨黑夜的存在。

1882年，一名女婴因高烧差点丧命。她虽幸免于难，但发烧给她留下了后遗症——她再也看不见、听不见。因为听不见，她想讲话也变得困难。这个人叫海伦。万幸的是，海伦并不是一个轻易认输的人。不久她就开始利用其他的感官来探寻这个世界了。七岁的时候，她发明了60多种不同的手势，靠此得以和家里人交流。

不到万不得已，不轻言妥协。

海伦是在五岁时开始意识到她与别人不同的。她发现家里的其他人不用像她那样做手势而是用嘴交谈。有时她站在两人中间触摸他们的嘴唇。她不知道他们在说什么，而她自己不能发出带有含义的声音。她想讲话，可无论费多大的劲儿也无法使别人明白自己。这使她异常懊恼以至于常常在屋子里乱跑乱撞，灰心地又踢又喊。随着年龄的增长，她的脾气越来越大，变得狂野不驯。倘若她得不到想要的东西就会大发脾气直到家人顺从。她惯用的手段包括抓别人盘里的食物以及将易碎的东西猛扔在地。有一次她甚至将母亲锁在厨房里。家里人觉得应该想个办法了。于是，在她快到七岁生日时，家里便雇了一名家庭教师——安尼·沙利文。

安尼悉心地教授海伦，特别是她感兴趣的东西。这样海伦变得温和了，而且很快学会了用布莱叶盲文朗读和写作。靠用手指接触说话人的嘴唇去感受运动和震动，她又学会了触唇意识。这种方法被称作泰德马，是一种很少有人掌握的技能。她也学会了讲话，这对失聪的人来说是个巨大的成就。

海伦证明了自己是个出色的学者，1904 年她以优异的成绩从拉德克利夫学院毕业。她有惊人的注意力和记忆力，同时她还具有不达目的誓不罢休的毅力。上大学时她就写了《我的生命》，这使她取得了巨大的成功从而有能力为自己购买一套住房。

她周游全国，不断地举行讲座。她的事迹被许多人著书立说，而且还上演了关于她的生平的戏剧和电影。最终她声名显赫，应邀出国并受到外国大学和国王授予的荣誉。1932 年，她成为英国皇家国立盲人学院的副校长。1968 年她去世后，一个以她的名字命名的组织建立起来，该组织旨在与发展中国家存在的失明缺陷做斗争。如今这所机构——"国际海伦·凯勒"，是海外向盲人提供帮助的最大组织之一。

也许人生就是这样，说不定哪一天同样的事就发生在你身上，但你能否勇敢地战胜它呢？也许你会想着怎样去克服，但更多的是会想着怎么去逃避。你要相信挫折与困难是无处不在的！使人站起来的不是双脚，而是理想、智慧、意志和创造力。也许肩上越沉重，信念越是巍峨。人生的拐杖就是信念，相信风越大，浪花开得越美。

## 忍耐力点燃爆发力

在社会上行走，"忍"是很重要的一个字，因为在任何时间、任何场合，都有不能如意的问题存在，有些问题无法解决，有些问题无法很快解决，更有些问题不是自己能力所能解决的，所以也只能忍。"小不忍则乱大谋"，古有明言，不能忍的人虽可以暂时解除心理的压力，但终究自毁前程，会失去长远的利益。

历史上最有名的"忍"的例子就是韩信忍恶少胯下之辱，那时韩信潦倒落魄，无心也无力与恶少争，只好忍辱爬过恶少胯下。孙膑忍庞涓之辱也很有名，装疯卖傻，就怕庞涓把他杀了。结

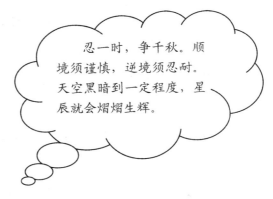

> 忍一时，争千秋。顺境须谨慎，逆境须忍耐。天空黑暗到一定程度，星辰就会熠熠生辉。

果呢？韩信留下有用之身，终于成为大将，如果他当时斗气，恐怕要被恶少打死了；孙膑保住一命，终于收拾了庞涓，如果他当时不能忍，早就没命了。

韩信也好，孙膑也好，都是"忍一时之气，争千秋之利"，很值得年轻人学习。当然，每个人遇到的状况都不一样，因此什么事该忍，什么事不该忍，并没有一定标准，只能这么说：当形势比人强时，就要忍。

所谓形势比人强，就是客观环境对你不利，如在公司里受到当权者的羞辱排挤；对目前工作环境不满意，可是又没有更好的工作机会；自己做个小生意，却受到客户的羞辱；想创业，资本却不够；失意潦倒，有人鼓动你从事非法工作。

当形势比人强时，你是很难施展的，仿佛困兽一般。有些人碰

到这种情形，常会顺着情绪来处理：被羞辱了干脆就和他们打一架；被老板骂了，干脆就拍他桌子，丢他卷夹，然后自动离职！

不敢说这么做就会毁了你一生，因为人生的事很难说，有时甚至会"因祸得福"、"弄巧成拙"，但不能忍，绝对会使你的事业造成某种程度的中断，不能忍的人"因祸得福"的不多，大部分人都不甚如意，总是要到中年了，才会感叹地说："那时年轻气盛啊！"

关键不在于这种不能忍的人命运不好，而是不能忍的人走到哪里都不能忍，不能忍气、忍苦、忍怨、忍谤，他总是要发作、要逃避、要抗拒，所以常常形势还没好转，他就垮了。

所以，当你碰到困境和难题时，想想你的大目标吧！为了大目标，一切都可以忍。千万别为了"爽快"而挥洒你如怒火岩浆般的情绪，而"忍"不管对你的大目标有多少助益，对你本身绝对是有好处的。

人一生当中会遇到很多问题，如果你能忍，你就学会了控制你的情绪和心志，以后碰到大的问题自然也能忍，也自然能忍到最好的时机再把问题解决，这样才能成就大事业！

虽然忍耐是种美德，但需要提醒的是，忍耐也应有底线，如果你无论何时都一味地退让，那就不是忍耐，而是不折不扣的怯懦了。所以，面对别人的无理要求时，你要勇敢地维护自己的权利。另外，忍耐也不是彻底放弃，而是好汉不吃眼前亏，韬光养晦再想长久之计。

人的胸襟有多大，成就就有多大，争一时不如争千秋，更何况，你怎么知道不是要让你扛起更大的责任呢？

古时候，晏子当宰相，他的车夫自以为是宰相身边的人，就态度高傲、趾高气昂。一天，车夫的妻子看不过去，就对老公说："人家宰相坐在车上，都是谦虚有礼的模样，而你，只是一介车夫，骄傲什么？"车夫听了，心生惭愧，的确，只是个车夫，有什么好骄傲的呢？于是，车夫改变态度，也变得恭谨谦和了。古人说："处顺境，不可傲，须谨慎；处逆境，不可悲，须忍耐。"

每个人的一生都有顺境、有逆境。我有个朋友，当年为了出国读书，托福考了八次，整天躲在图书馆苦读，那种日子是难熬的。多年后，他拿到了博士学位，顺利受邀进入大学当系主任，心态上生出些许骄傲之心。有一次他在马来西亚演讲，一位华人青年对他说："戴老师，一个人要成功很不容易哦，不过守住成功更难！"

一个人在得意时、在巅峰时，都容易得意忘形，走在巅峰，更须小心翼翼、居安思危，因为高处不胜寒，自傲是粗心疏忽的开始！

处于顺境要懂得谨慎，同样，处于逆境时要学会忍耐，因为逆境过后你将会变得更加强大。

在成才路上一帆风顺者，很难具有经过逆境磨砺的人所具有的那种经得起打击、吃苦耐劳的品质，因为人各方面潜能的开发不仅取决于主观能动力的作用，还会受制于各种生活境遇的影响力，这种影响力对激发人潜能的作用会因境遇的好恶程度不同而自然地表现为有所差别，在一定条件下、一定程度上，逆境比顺境更能激发人各方面的潜能。

受过磨砺，就会使人更懂得珍惜在常人看来不足珍贵的东西，使人更善于发掘这些东西里更有价值的东西，也使人更具有利用各种事物潜在能量的本领。经过逆境锤炼的人，也往往比一直在顺境中过来的人更能适应顺境并更善于利用顺境的优越条件，从而更有助于创造奇迹。

有过逆境史的人还会更懂得珍惜顺境的机会，而且这种人比只有过顺境史的人在人格、才智等方面要更健全。

只要不自暴自弃，逆境可以最大限度地发掘人的潜能，顺境可以最大限度地发挥人的才能。当然，处于逆境中的人，其才能也可得到发挥，在顺境中，人的潜能也可得到发掘，只是相对有限，不是占主要地位的方面。因此顺境逆境都有其可取之处，我们就是要善于获得或索取它们的可取之处，而要做好这点，就需要我们能够在处于顺境时多加谨慎，处于逆境时能够多加忍耐。

他4岁时，父亲就抛弃了他和母亲，因为生活所迫，还没有上到高中毕业，他便辍学开始谋生：帮花店送花、做办公室助理、当汽车修理厂学徒……一次，他在做装修小工时，因为连续几天赶工没休息好，在安装一面电视墙时，不小心将一块玻璃制作的电视墙面打碎了。自然，客户要求赔偿，工头便要他承担一切责任。

那时候，依靠他打工支撑的家连维系一日三餐都很困难。想到长久以来的挣扎、无助的现实，以及难见光明的未来，他不由得变得异常心灰意冷。母亲不动声色地安慰着他："看看明天会发生什么。"母亲的话说得十分轻淡，但却让他跨过了那道心坎，他安慰着自己："坚持一下，看看明天会发生什么。"他根本不知道明天会发生什么，但他的心中一直藏着一个从小就有的梦想——有朝一日能够成为一名电影演员。

　　他决定为这个梦想拼搏一下。但这一切对于又要租房住，又要供养母亲的他来说，实在是太艰难了。他首先通过各种关系，获得了一笔贷款，进入一家演艺学习班学习。毕业后，他终于在一部电影中获得一个配角角色，他凭借着出色的表演一下成名。他以为，自己可以凭借这一次的成功而彻底摆脱旧日的苦难，那些阴晦昏暗的日子将一去不复返，他的未来将满是鲜花和阳光。

　　然而，成名没多久，他就又跌落进低谷。年复一年的没有任何片约，生活再一次没有了保障，未来再一次一片迷茫，他患上了抑郁症，每天盘绕在他脑海中的一个词就是"自杀"。他开始日复一日地渴望从所居住的15楼窗口跳出去，结束所有的苦难，获得永久的自由。母亲一次又一次地劝慰着他："看看明天会发生什么。"他终于在母亲的激励中走过困境，又开始了对梦想的追逐。

　　今天，他不仅已经事业成功、生活无忧，他的名字在中国更是已经家喻户晓——他叫黄秋生，香港金像奖影帝。

　　看看明天会发生什么。简单得不能再简单的一句话，却禅机无限。当今天所有的机会都丧失、所有的希望都崩溃、所有的依靠都折断，再没有什么可以抓握的时候，我们还有明天可以期望着。

　　有时候，我们需要做的不多，只需要坚持到明天。在坚持中，将当下的无奈、苦痛，乃至困顿等沉淀到生命底层，让那些试图摧毁我们心志的锋刃转变成帮助我们通往成熟的基石。什么都没有的时候，还可以坚持下去，看看明天会发生什么。就如同在冬天里坚持到春日来临，或许明天就是花开的日子。正如在黑暗中的蛰伏，天空已经黑暗到一定程度，最糟糕的境况已经出现。再坚持一下，就可以看到星辰在空中熠熠生辉。

## 做一个内心无比强大的人

每个人都有伤心、难过、不如意、绝望的时候，成功的人也曾经落魄、潦倒、穷困不堪。但是，伤心不如行动，我们还是要站起来。因为一切伤心都是于事无补的。任何人没有怀忧丧志的权利，只有转换情绪，立刻行动，才能改变自己的命运。

不要看自己失去了什么，看看自己还拥有什么。现在站在什么地方不重要，重要的是你往什么方向移动。凡事不要说"我不会"或"不可能"，因为你根本还没有去做。

暗自伤心不如立即行动。

立即行动，可使你保持较高的热情和斗志，能够提高办事的效率。伤心或拖延只会消耗你的热情和斗志。古时作战，兵家策略是"一鼓作气"，防止"再而衰，三而竭"。否则，再想让疲软的心态鼓起斗志是比较困难的。

成功者必是立即行动者。对于他们来讲，时间就是生命，时间就是效率，时间就是金钱。只有立即行动才能挤出比别人更多的时间，比别人提前抓住机遇。

想想自己的心中有什么是想做而没有去做的，哪怕是一件小小的事情，现在就去实施吧，不要犹豫也不要害怕和伤心。如果你不去做，事情永远摆在那里。立即行动起来，如果你想成功，就马上去做。

美国前总统罗斯福也承认："我其实没有什么辉煌灿烂的功绩。只有一点令我自豪的是：凡是我觉得应该做的，我就去做……而当我决心做后，我便着手去做了。"

时间管理专家告诉我们，计划是必须的，但如果不立刻行动，终究一事无成。在行动前，首先要在心中"看见目标的完成"。

有一则高尔夫球选手的故事。主角内斯美球技很好，通常都能打出90多杆。然而有7年时间他完全停止了这项运动。

令人吃惊的是，当他数年后回到赛场时，他又打出了漂亮的74杆。这7年中，他一次也没摸过球杆，而且身体状况不断恶化。因为他是一名越南战俘，7年中住在一间大约四五英尺高的战俘收容所里。为何与世隔绝的他，回到赛场依然能打出好成绩？因为他从没有减弱生存的意志，更重要的是，7年中的每个日日夜夜，他都在心中"看见了目标的完成"。

每周7天，持续整整7年，内斯美一直在内心世界里打着完美的高尔夫球。他想象着每一处场地的每一种天气状况，他清楚地"见到"了精确的青草、树木，甚至还有鸟，他叮嘱自己紧握球杆时要采用最好的方式，他"目睹"小球飞过果岭，滚动至他所选定的精确位置……

内斯美的故事告诉我们，首先要"看见目标的完成"。最简单的做法莫过于把目标适当地写在一张或多张卡片上，然后随时带在身边，紧接着，便是加紧行动。因为行动才是成功的关键，而且要当机立断。

先别管要行动到什么地步，最重要的是行动起来，要在接下去的时间里每天都有持续的行动，从而成为一种习惯，最终把你带向成功。

## 找回生命的原始力量

一场大水过后，整个村子里的房屋都被冲塌了。人们围着自家的废墟唉声叹气，一片近乎世界末日降临的场景。只有一家人，在自家的废墟中不停地挖着，一会儿挖出个坛子，竟没有被砸坏，全家一片欢呼；一会儿挖出一袋香肠，全家分享着，脸上洋溢着幸福和快乐。邻家见状，疑惑问道："为什么你们这么快乐？"他们答道："冲走的已经冲走了，留下的不应再失去。大水过后，还有一些东西留给我们，不是令人高兴的事情吗？"

春天匆匆走了，繁花纷纷谢了，但我们不应该为春天的逝去而惋叹，因为春天虽然走了，但它却给我们留下了秋天沉甸甸的果实。秋天匆匆走了，落叶萧萧飘落，但我们不应该为秋天的流逝而喟叹，因为秋天虽然走了，但它给我们留下了来年草长莺飞的希翼。

泰戈尔说："如果你因为失去太阳而流泪，那么你也将失去群星了。"失去的就让它失去吧，为我们还拥有的庆幸吧，留下的就是希望。快乐也是这么简单，失去了太阳，但我们拥有了满天星斗。

有希望在的地方，痛苦也是欢乐。

多罗茜是一个不幸的女人，16 岁那年，她的父亲因病去世。身为长女的多罗茜和母亲一起，咬着牙支撑着那个有 4 个兄弟姐妹的家，直到弟妹们渐渐成人。后来，他们举家从伦敦迁到曼彻斯特。在那里，多罗茜终于遇到了她的爱人。

然而，幸福仅和她打了一个照面，灾难就猝不及防地降临：丈夫在一次车祸中失去了左臂。抹去泪水，她咬咬牙，又撑起那片塌陷的天空。不得不叹息命运弄人，没多久，多罗茜感到身体隐隐不适，去医院一检查，竟患上了宫颈癌。住院期间，多罗茜帮助护士清扫病房，还帮助对生活失去信心的病友打饭，和她们一起谈心。

实在没事的时候，多罗茜就端详女儿的照片，给丈夫织毛衣。她根本没有胃口，但是，她使劲往自己的嘴里灌牛奶。她告诉病友："我的两个女儿还小，她们需要妈妈。"几个月后，在为多罗茜做体检时，医生们惊奇地发现：她所有的指标全部转阴。也就是说，她奇迹般地击退了死神，完全康复了！

多罗茜创造了一个奇迹，或者说她本身就是一个奇迹。

一个心怀希望的人，即使给她世人所无法承受的痛苦与磨难，她依然乐观面对。对这样的人，死神又拿什么去和她交换生命呢？

人注定要承受各种各样的痛苦。爱笑的桑兰离开心爱的体操赛场，却没有远离自己的梦想，她在新闻岗位上用另一种方式诠释对梦想的追求；牛根生离开了伊利，也没有放弃对事业的执着，历经苦难开创出了今天的蒙牛；史泰龙遭遇了1850次的拒绝，导演被他的精神所感动，才有了一次上镜的机会。

不难发现，所有经历过痛苦而取得成功的人，都会心中有所希望，对生活也满怀信心。快乐是黄金，痛苦就是黄金的重量，一旦幸福来临，所有的重量都有了价值。在满怀痛苦的境况中，有希望的存在，也要乐观地看到活下去的动力与幸福。

## 超越自我是一种乐趣

拳王阿里在自己还不是拳王的时候，经常使用一个重量和形状都和他自己差不多的沙袋。有人好奇地问他："你为什么要做这么一个沙袋呢？""为了与自己较量，我只有一次次地从技能、力量和心理上不断地战胜自己，才有可能战胜别人。"后来，当阿里的拳头终于可以叱咤风云时，他也没有忘记和自己较量。阿里在拳击生涯中一共输过两次，据说，在第一次失利后，他击碎了自己的肖像沙袋；在第二次失利后，他对着镜子中的自己大打出手，结果弄得满手是血，狠狠地给了自己一次教训。

与自己较量，一次次地战胜自己，也许就是阿里成为拳王的原因所在。人们常说，最难战胜的对手就是自己。与自己较量，超越自己，成为事业上和生活中的阿里。在与自己较量的过程中找弱点，发现不足，较量出勇气和信心、技巧和力量。

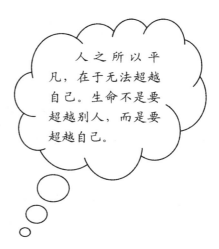

人之所以平凡，在于无法超越自己。生命不是要超越别人，而是要超越自己。

有一对招人喜爱但不怎么规矩的兄弟犯下了大错，他们偷了当地村民的羊。在那样一个偏远又笃信宗教的地方，这是很严重的罪行。当地的居民决定了他们的命运：这对兄弟的额头上将被印上"ST"两个字，即 Sheep Thief（偷羊贼）。这个印记将伴随他们终生。其中一个兄弟觉得羞愧难当，他逃离了这个村庄，再也没人听到过他的消息。另一个兄弟，满怀着愧疚顺从了命运。他留下来了，用自己的行为弥补曾犯下的错误。村民们对他仍心存怀疑，不愿意跟他有什么交往。但是，村里不管是谁病了，这个额头上印着"偷羊贼"的年轻人都会跑过去用暖汤和爱心去照顾他。不管是谁家的活缺了帮手，这个"偷羊贼"都会跑过去帮上一把。不管是穷人还是富人，"偷羊贼"都乐意伸出援助的手，而且他从未收取任何报酬。这一生，他似乎是为了帮助他人而活。

许多年过去后，一个游客途经他们的村庄。他坐在路边的小餐馆吃午餐，他发现老人的额头上印着一个奇怪的标记。他还发现，所有村民经过老人的身旁都会停下脚步，表达他们的敬意，与老人说上几句话；小孩子也会停止玩耍，给老人一个温暖的拥抱。外地人十分好奇，问餐馆的老板："老人额头上印的那个标记是什么意思?""我不清楚，这是很久以前的事了。"老板回答道，接着他想了想说："我想那两个字母代表着'SAINT'（圣徒的缩写也是ST）吧。"

窃贼与圣徒其实只有一步的差距。人非圣贤，孰能无过？重要的是愿意去改变，那么不论别人怎么看，你都已经不是以前的自己，而是另一个自己。

平凡的人不肯改变，不懂改变，得过且过，有粥吃粥，有面吃面。犹豫和不思进取是导致平凡甚至平庸的原因，把自己放在对手的位置，战胜、超越自己，才会赢得成功。

成功并不意味着比其他人都强，而是比从前的自己更出色。我们常用一句老话来安慰自己，那就是"比上不足，比下有余"。其实我们又何必偏要跟别人比呢？人比人，气死人。这也是一个普遍的心理现象。我们应该比较，没比较就没有进步，但关键是看跟谁比、比什么。我们用来比较的最好标准就是从前的自己。你比从前的自己进步了吗？你的生活比从前美好吗？你的身体比过去健康吗？你的家庭关系比以前更和谐吗？你的工作比过去更称心吗？这种比较会激励你不断上进。

参加健身训练的特尔玛说："我今年66岁了，我发现自己磕磕绊绊和摔倒的次数比过去多了。最近一次摔倒碰到了脸，摔掉了一颗牙，还弄碎了眼镜！儿媳建议我读一读《健康女人永远年轻》，我照办了。刚开始训练时，我腿部使用5磅重的钢袋、2磅重的哑铃。现在我使用的钢袋重量提高到12磅，哑铃重量提高到8磅。我可以轻松地单腿站立，而且不再摔倒了。"她们通过训练超越了自己，使自己的身体状况比从前有了很大的改善。

　　约翰和汤姆是相邻两家的孩子，从小就在一起玩耍。约翰是一个聪明的孩子，学什么都是一点就通，他知道自己的优势，自然也颇为骄傲。汤姆的脑子没有约翰灵光，尽管他很用功，但成绩却难以进入前十名。与约翰相比，他心里时常感到自卑。然而，他的母亲却总是鼓励他："如果你总是以他人的成绩来衡量自己，你终生也不过只是一个'追逐者'。奔驰的骏马尽管在开始的时候总是呼啸在前，但最终抵达目的地的，却往往是充满耐心和毅力的骆驼。"

　　聪明的约翰自诩是个聪明人，但一生业绩平平，没能成就任何一件大事。自觉很笨的汤姆却从各个方面充实自己，一点点地超越着自我，最终成就了非凡的业绩。约翰愤愤不平，以致郁郁而终。

　　他的灵魂飞到了天堂后，质问上帝："我的聪明才智远远超过汤姆，我应该比他更伟大才是，可为什么你却让他成为了人间的卓越者呢？"上帝笑了笑说："可怜的约翰啊，你至死都没能弄明白：我把每个人送到世上，在他生命的'褡裢'里都放了同样的东西，只不过我把你的聪明放到了'褡裢'的前面，你因为看到或是触摸到自己的聪明而沾沾自喜，以致误了你的终生！汤姆的聪明却被放在了'褡裢'的后面，他因看不到自己的聪明，总是在昂头看着前方，所以，他一生都在不自觉地迈步向前！"

　　每一个人都应该永远记住这个真理，只有不断超越自我的人，才是一个真正的聪明人。人生在世，每个人都有自己独特的禀性和天赋，每个人都有自己独特的实现人生价值的切入点。你只要按照自己的禀赋发展自己，不断地超越心灵的"绊马索"，你就不会忽略自己生命中的太阳，而湮没在他人的光辉里。

# 第四章 点燃潜能的火花

潜能就像鞭炮，只有点燃才能爆响。

锅炉突然裂开了，滚烫的开水突然间流到地上，锅炉工跳到一个高台上，可是事后他怎么努力都跳不上去。

中国历史上的汉代名将李广夜行，突然看见一只猛虎向自己扑来，情急之下李广拔箭就射，事后才知道那只是一块形似猛虎的大石头。李广的箭深深射入石头中，事后他怎么满弓拉射，箭再也射不进石头里了。

情急之下，锅炉工和李广的潜能被激发出来了，这就是神秘而又强大的人体潜能。

人的大部分能力呈隐藏状态，需要激发才能显示出来。潜能是隐藏在体内的一座宝藏，早点开发早得福。潜能在未被激发出来之前，自己都不知道自己的能力极限。

不论人还是企业，如今的生存竞争很激烈，而且会越来越激烈，生存竞争逐渐演变成潜能的竞争，因而激发潜能被越来越多的人所重视。现在激发潜能最常用的方法是催眠术，催眠大师的职业很吃香，催眠已经发展成一个热门行业。催眠术其实就是意念引导，语言引导或借助他物。

不管黑猫白猫，能抓住老鼠就是好猫；不管怎么激发，由谁来激发，只要能把潜能激发出来就是好方法。

靠人不如靠自己，自我激发更重要。

多管齐下，多元激发。

## 被恐惧和自卑锁死的潜能

每个人都想成功，但最后能够大获成功的人只在金字塔塔尖部分。

成功的人与失败的人有什么区别呢？成功的人除了比失败的人付出更多的努力外，更多的是成功的人敢去尝试，而失败的人因为恐惧失败而不敢尝试，于是成功的人越来越成功了，失败的人却离成功越来越远了。

因害怕失败而不敢放手一搏，永远不会成功。

难道不是吗？你宁可永远后悔，也不愿意试试自己能否转败为胜吗？

有位老师以关颖珊赢得 2000 年世界花样滑冰冠军时的精彩表现为例，说明了成功的人和失败的人的区别。关颖珊那次参加比赛时，她一心想赢得第一名，然而在最后一场比赛前，她的总积分只排名第三位，在最后的自选曲项目上，她选择了突破，而不是少出错。在4分钟的长曲中，结合了最高难度的三周跳，并且还大胆地连跳了两次。她也可能会败得很难看，但是她毕竟成功了。

她说："因为我不想等到失败，才后悔自己还有潜力没发挥。"

可见，成功永远属于那些敢于尝试，不怕失败的人。那么，你是否也要等到四五十岁的时候，回首自己曾经走过的路，为自己年轻的时候仅是因为害怕失败就放弃努力不去拼搏而感到后悔呢？

据观察，有人总是在听完成功人士绞尽脑汁地建议多读书、多练习之后，问了另一个问题："那是不是很难？"足见许多人都是很怕困难的。所以，成功只因不怕困难，敢做才能出类拔萃。

有一个司机看到自己前后都是高档车，感叹道："唉，为什么别人那么有钱，我的钱这么难赚？"有人听后就问他："你认为世上有什么钱是好赚的？"他笑了笑，答不出来，过了半晌才说："好像都是别人的钱比较好赚。"其实，深究起来，成功者没有人没下过功夫，我们实在不该抱怨困难。

但是在这改革开放的大好时机，任凭良机擦肩而过的仍然大有人在。有的守土恋家，故步自封，宁愿穷自在，不愿创新业；有的怕担风险，视商路为畏途；有的习惯于小打小闹，小富即安，小富即满。对此，我们应当勇敢地破除消极等待和停滞不前的思想，树立起艰苦创业、不懈创业的理念，解放思想，放开手脚，大胆试、大胆闯、大胆创，创出家业，创出新业，创出大业。

要成功，关键要有敢闯敢干的创业勇气。有了勇气才可能把握机遇，才有可能叩开成功之门。只要具备了临危不惧、敢闯敢干的信心和勇气，就拥有了披荆斩棘、所向披靡的利器，就必定能克服前行道路上的困难，成功到达目的地。一定要坚决克服等、靠、要的错误思想，加大闯的勇气和冒的胆识。

做人，何妨放手一搏。

## 心惊肉跳的时候，说明潜能在敲门

著名的魔术大师大卫·科波菲尔小时候很内向，遇上生人就会脸红。他的许多时间都是在房间里度过的，陪伴他的是一台电视，他喜欢电视上的所有节目。为了排遣寂寞，他经常模仿电视中的演员表演。很快，他爱上了电视中的魔术表演。慢慢地，他能够表演一些简单的魔术节目，每当他得到别人表扬的时候，他仍会满面绯红。

邻居说："大卫·科波菲尔在表演魔术的时候像是变了个人。"18岁那年，大卫·科波菲尔看了英国小说家狄更斯的一本小说，喜欢上了书中的主人公大卫·科波菲尔。

没有天生的信心，只有不断培养的信心。

他认为大卫·科波菲尔与他的境遇完全相同——性格内向，家境也不富裕，甚至连父母的职业都惊人的巧合。当他发现狄更斯是位魔术师，他觉得这真是上帝的安排。小说主人公的境遇与他相同，而作者的爱好也与他一致。

他对自己说："既然喜欢魔术，那就选择它吧。"于是，他毅然选择了从事魔术表演。著名的魔术大师大卫·科波菲尔，在踏入魔术界之后，就改掉了大卫·考特金的原名。

大卫·科波菲尔曾接受媒体采访，他坦承如果没有看到狄更斯的作品，或者狄更斯本人不喜欢魔术，他也许还是一名自卑而默默无闻的人。人生就是由无数的机缘巧合组成的，你无法知道你接下来面对的是什么，但是只要有机会，你看成是你的机会，抓住它成长自己。即使之前你是个自卑者，下一秒你就会变成自信者并且会越来越强大。


一百多年前，一位穷苦的牧羊人带着两个幼小的儿子以替别人放羊为生。他们赶着羊来到山坡上，一群大雁鸣叫着从他们头顶飞过，并很快消失在远方。

牧羊人的小儿子问父亲："大雁要往哪里飞？"

牧羊人说："它们要去一个温暖的地方，在那里安家，度过寒冷的冬天。"

大儿子眨着眼睛羡慕地说："要是我们也能像大雁那样飞起来就好了。"

小儿子也说："要是能做一只会飞的大雁该多好啊！"

牧羊人沉默了一会儿，然后对两个儿子说："只要你们想，你们也能飞起来。"两个儿子试了试，都没能飞起来，他们用怀疑的眼神看着父亲。

牧羊人说："让我飞给你们看。"于是他张开双臂，但也没能飞起来。

可是，牧羊人肯定地说："我因为年纪大了才飞不起来，你们还小，只要不断努力，将来就一定会飞起来，去想去的地方。"

两个儿子牢牢地记住了父亲的话，并一直努力着。等到他们长大——哥哥36岁，弟弟32岁时——他们果然"飞"起来了，因为他们发明了飞机。这个牧羊人的两个儿子，就是美国的莱特兄弟。

没有人天生就是成功者，只要你有一丝信心，终究有一天你会让它燃成熊熊烈火，它能最大限度地燃烧一个人的潜能，指引你飞向梦想的天空。

人生就是那样的奇妙，就像魔术一样，碰到了某种机缘，你的信心就会有了依附点而变得越来越强大。往往创造财富和赢得成功的不是自命不凡者，而是在一旁默默努力、用信念和勤劳汗水浇灌成功之苗的人。

## 不到精疲力竭不歇息

在这个世界上，总是困难与挑战同在、矛盾与机遇同在、劣势与优势并存。不管怎样，我们都必须敢想敢干，而且是苦干加实干，要敢于走遍千山万水，道尽千言万语，想尽千方百计，吃尽千辛万苦。对个人是这样，对企业同样如此。

日本松下电器的一家经销商，有一年因经济不景气，生意很惨淡，于是，他向松下幸之助请教改善经营的秘诀。

苦想没盼头，苦干有奔头。

素有"经营之神"之称的松下幸之助听完这位经销商的来意后，对他说："目前的市场萧条，生意不好，自然不能怪你，不过，我想请问你一个问题，你的尿有没有变红过呢？"

对于松下幸之助的问题，这位经销商感到很奇怪。他不解地看了松下幸之助一会儿，摇了摇头说："没有啊，我的尿从来没有变红过。"

没想到，松下幸之助却对他说："问题就在这里！"

这位经销商更加纳闷了。这时，松下幸之助解释道："面对萧条的市场，你的生意清淡，但是，你的尿仍然清澈，这说明你奋斗、努力的程度不够。每个成功的生意人，为了突破不景气，无不绞尽脑汁，寝食难安，连续几个晚上的焦虑与失眠过后，尿自然而然地会变红了。你今天向我请教改善经营的方法，我没有什么秘诀可提供给你，不过，我奉劝你闭门苦思，尽全力去挣扎，直到你的尿变红为止，我相信你会走出一条路来的。"

经销商听了松下幸之助的一席话后，回去后就进行了自我反省。他召开了员工大会，把松下幸之助的教导告诉了全体员工，要求他们按松下幸之助的教导去努力奋斗。一段时间后，这家店经过重新布置，推出了新的服务方式，增加了上门推销、送货上门、上门维修等业务，结果，不到半年，这家店的营业额就直线上升了。

在中国，许多浙商的起家也都是被贫穷逼出来的，他们不得不学会吃苦。正如西子联合控股有限公司董事长王水福所说："浙商这个群体，是被'贫穷'逼出来的。正是因为贫穷，大多数浙商在创业初期主要靠的是苦干和实干。"

当然，随着市场经济的发展，仅靠吃苦精神也已经很难在市场中占得先机。要在市场上占得先机，不仅要苦干，而且要实干加巧干。总之，你必须得干，而不是想，如果只是一味苦想，那还是没盼头，唯有肯苦干，你才能有奔头。

## 十年河东，十年河西

中国有一句家喻户晓的古谚叫"十年河东，十年河西"，说得通俗一些，就是"风水轮流转"——这的确是一个恒久不变的真理，只要你稍微用心浏览一下中国数千年历史里诸多风云人物的兴衰成败往事，就一定会为其所蕴含的深刻道理所折服。

劝君莫因一朝得志，就立马分不清东西南北，连眼睛都长到头顶上去了；更莫因一时失意，就灰心丧气，甚至自暴自弃，走上绝路。无论身处何种境遇，你的内心都应该时刻保持着淡泊和平静。

同样是一粒金子，命是一样，而运则不同，有的金子永远被埋在沙土里，哪怕重量再大，品质再高，终不能为人所发现，何谈受重用、受人喜爱。这就是所谓命好运不好。有的金子尽管品质不高，重量不大，但却被用于重要用途。如一粒小金子，用在钢笔尖上，就价值巨升。所以，尽管其品质差，重量小，但它运程极好，这就是所谓的命好运也好（或命不好而运好）。

刻骨铭心的体验是能量之源。

　　几乎所有的人都曾做过一些白日梦，我们有时也会想到，家里火烧起来怎么办，突然中了特等奖以后怎样等。如果有人能在被解雇之前，想到一旦失业以后怎样应付，这确实也是件好事。失业虽然并不是像疾病一样不可避免，但是，在你胼手胝足的职业生涯中，你却大有可能跟老板闹翻，甚至被迫另谋高就。你跟老板闹翻，可能是你的错误，也可能不是你的错误；你很可能是踏到了某些特别敏感的人的足尖，而自己却不知道。

　　不论你的工作怎样差强人意，都会有人说你不适宜做这个工作。你老板的太太可能有一个需要提拔的小兄弟；你可能是一个木头人，拨一拨才动一动。你可能在千百种原因里占一种，连你自己都不知道怎么回事就开罪了人。

　　或者，也很有可能是你对工作不能胜任——来晚了，疏忽了，不十分拼命地工作，心不在焉地时时刻刻等待下班铃响……就因为这些小事，使人觉得你对工作不能胜任了。不论原因何在，被辞退总不是一件令人高兴的事，它可以使你陷入失望沮丧，也可使你产生一种"不如人"的错觉，甚至能令你疯狂暴怒。

当失业以不速之客的姿势闯进一个人的生活时，任何人都可能会做出许多事后追悔不已的愚蠢行为来。所以，还是要看看别人应付这些事情的方法。

人的大运是十年一变，所以才有了"十年河东，十年河西"的说法。一个人必须要知道何时走好运，何时走败运，以趋吉避凶。当一个人财运官运亨通之时，即此人经过不懈努力终于登上了顶峰，那种一览众山小、大自然尽收眼底的喜悦之情难以言尽。

可人总不能停留在山顶，此时无论往山的哪边走，都是下坡路，即走败运。当一个人处在人生最低谷时，往哪边走都是上坡路，越走越高，即行好运，此为绝处逢生之理。不要羡慕别人拥有的，不要懊恼自己没有的。


## 不要怕失败


不经历风雨，怎能见彩虹，没有人可以随随便便成功。任何一种本领的获得都要经过艰苦的磨炼，任何投机取巧或妄图减少奋斗而达到目的的做法都是拔苗助长般愚蠢的行为。

佛家修行曾有一个故事：鉴真大师刚刚遁入空门时，寺里的住持让他做了谁都不愿做的行脚僧。有一天，日上三竿了，鉴真依旧大睡不起。住持很奇怪，推开鉴真的房门，见床边堆了一大堆破破烂烂的瓦鞋。

住持叫醒鉴真问："你今天不外出化缘，堆这么一堆破瓦鞋做什么？"鉴真打了个哈欠说："别人一年一双瓦鞋都穿不破，我刚剃度一年多，就穿烂了这么多的鞋子。"住持一听就明白了，微微一笑说："昨天夜里落了一场雨，你随我到寺前的路上走走看看吧。"寺前是一段黄土坡，由于刚下过雨，路面泥泞不堪。

不经曲折，何以悟真谛。

　　住持拍着鉴真的肩膀说："你是愿意做一天和尚撞一天钟，还是想做一个能光大佛法的名僧？"鉴真答："想做名僧。"住持捻须一笑："你昨天是否在这条路上走过？"鉴真说："当然。"住持问："你能找到自己的脚印吗？"鉴真十分不解地说："昨天这路又干又硬，哪能找到自己的脚印？"住持又笑笑说："如果今天我们在这条路上走一趟，你能找到你的脚印吗？"鉴真说："当然能了。"住持听了，微笑着拍拍鉴真的肩说："泥泞的路才能留下脚印，世上芸芸众生莫不如此啊！那些一生碌碌无为的人，不经历风雨，就像一双脚踩在又平又硬的大路上，什么也没有留下。"鉴真恍然大悟。

　　只有那些在风雨中走过的人们，才知道痛苦和快乐究竟意味着什么。那泥泞中留下的两行印迹，就证明了他们的价值。在人生的旅途上总是欢乐与悲伤并存、顺利与挫折交错、顺心和失意重叠。特别是那些有作为的人，在前进的道路上，常常是先有"山重水复疑无路"的逆境，几经奋斗，才迎来了"柳暗花明又一村"的坦途。

# 坚韧 + 实干 = 成功

四川青年小马大学毕业后进入一家人人羡慕的金融企业工作，本来人生一帆风顺，但他在工作两年后因为一念之差挪用公款而被判了重刑。在高墙内他痛不欲生，悔不当初，但冷静下来更想做一些有意义的事情来度过狱中这段漫长的岁月。

经过一番思索后，他决定精读手头上唯一一本托人捎来的书籍——《汉语词典》，以此来增长知识，积蓄力量。19 个月后，一本小小的词典被他从头到尾熟读了一遍，并发现了字典中不易觉察的

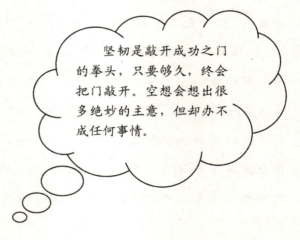

坚韧是敲开成功之门的拳头，只要够久，终会把门敲开。空想会想出很多绝妙的主意，但却办不成任何事情。

30 多处错误，他给编者去信谈了自己的看法。没想到，编者很快回信，表示了感谢，并欢迎他继续纠错。小马精神为之一振，他又托人找来了好几本词典，从此一发不可收拾地研读起来。8 年之后，当他减刑出狱的时候，已经对各类词典先后纠错 3 万余条，完成了 100 多万字的纠错专著，在圈内已经名气很响了。

小马的成功颇有些出人意料，但这份成功又源于他坚韧的追求

和努力。如果他在狱中只是一味等待，那么他永远不会发现学财会的自己会在语言方面有研究特长，也不会捕捉到这个看似意外的成功机会了。

的确，成功之门绝不会青睐于盲目等待的懒汉和悲观失望的懦夫，只会对那些坚韧不拔、确定目标勇于追求的人敞开。

1987年，她14岁，在湖南益阳的一个小镇卖茶。茶水盛放在一只只透明的杯子里，上面方方正正地盖着小玻璃片遮挡灰尘，而因为她的茶杯比别人的大一号，所以卖得最多。没有人计算一毛钱一杯的茶水一天下来会有多少收入，大家看到的，是她忙碌的笑颜。

1990年，她17岁，她的同行大多鸣金收兵，要么赚点钱另谋出路；而她依旧在卖茶，只是地点从小镇换到了益阳市，茶水也从简单的茶水变成了当地特有的"擂茶"。擂茶制作更加麻烦，但她的茶杯却总还是比别人的"胖"一圈。不变的，依旧是她忙碌而快乐的身影。

1993年，她20岁，仍然卖茶。地点却变成了省城长沙，摊点也变成了小店面，客人进门，她必会亲手泡上热乎乎、香喷喷的茶。

不知道多少人能够把香喷喷的茶水卖上那么久，何况当今社会不乏各种快速致富的神话。但她做到了，很淳朴的信念："我只是个卖茶的，也永远会是卖茶的。"

如今，她已经拥有了37家茶庄，遍布全国各地。各地茶商们提起她的名字没有不竖起大拇指的，她的名字叫盂桥波。

认准成功的大门，持续不断地敲击，成功的入口就会为你打开。在那里，鲜花盛开，阳光灿烂，欢声笑语。可是，又有多少人能够忍耐得住成功大门的打开呢？有的人敲了不久感到累了，就放下拳头坐在一旁休息，默默地等待大门的打开；有的人看到边上叫作"投机取巧"的大门敞开了，于是心有所动，改变了行进的方向。只有真正坚持到最后的人，才能够融入大门里的无限风光。

牛津大学曾举办过一个"如何开启成功之门"的讲座，邀请了丘吉尔前来演讲。演讲那天，会场上人山人海，人们准备洗耳恭听这位大人物的成功秘诀。但丘吉尔环顾四周，只说了几句话："在我看来，开启成功之门的秘诀只有三个：第一，绝不放弃；第二，绝不、绝不放弃；第三，绝不、绝不、绝不放弃！"说完他就走下讲台。会场上沉寂片刻，突然爆发出热烈的掌声，经久不息。

是的，成功之门的开启需要的就是你用执着而又坚韧的拳头不停地敲击，总有一天，它会轻轻地开启一道缝。如果你在不该放弃的时候选择了放弃，那么之前的所有努力都前功尽弃了；而如果你能够执着地奋斗下去，那么，你现在所有付出的努力都会在成功之门打开时，被炫目的灯光照耀得光彩四射。

只要有坚持不懈的付出，必将会有丰厚的回报。这个世界上没有什么叩不开的门，当然，这需要你有叩门的决心和耐力，以及等待门开启时的漫长坚持。

年轻人要想做成一件事情，资金不是最重要的，重要的是要敢想、敢冒险，善于学习、善于从实践中获得经验。年轻人最大的资本就是可以毫无顾虑地做很多事情，这是一种积淀，所以说，趁年轻时多学习点东西，多尝试些有用的工作，绝对不是坏事。

当你有个好想法时，就应该立刻去做。不要只是空想，也不要听别人怎么说，只有你自己去尝试、去摸索，才会知道这个想法究竟有多好，即使失败了，也没有关系，因为你从中会学到很多东西。结果固然重要，更重要的是你去做了，在做的过程中学到了很多东西，这就是资本，就是财富。

天下最悲哀的一句话就是：我当时应该那么做却没有那么做。

与其去空想、去看，不如去做一次。哪怕是实地调查得来的调查书、通过各种调查实时数据写的计划书，还是现在就有个小店或者公司的，都叫正在做。

如做业务，有人就总结出业务员跑不成业务有两方面原因：一是市场环境的原因，二是自己的原因。市场环境可能暂时无法改变，但自身却可以逐步完善。所以，好的业务员就要善于分析、善于总结和善于与客户打交道，以顾客的角度想问题、做事情。有一个前提，那就是勤奋，只要多用心、肯吃苦，业绩肯定会上去。

整天只想着要成功，但有几个人有自己的计划，想怎么去一步步做，怎么一步步地去实施？机会不是整天泡在网上论坛里面侃侃大山就能得来的。怎么就不想想出去逛逛？中国的理论家到处都是，读个 MBA 或者读个管理学博士就可以在大学课堂里侃侃而谈，构想美丽画面，但一到现实中，几个人能够把握住自己所处的环境，从中发现机会？现实就是残酷的，只有在现实中真实地摸索，才能够找到真正可行的机会。这才是创业者，这才是创业精神。

想做成任何事情都是需要有雄厚资本和积淀的，你在这里侃大山的时候，多少人已经在社会中经历风雨，慢慢积累，等他们慢慢积土成山地出现在我们眼前的时候，你是不是又会拿来一个成功例子唏嘘不已，痛恨机会不降临在自己头上？所以要记住，切实执行你的创意，除非你身体力行，否则再好的创意也不会有收获。

## 精诚所至，潜能为开

古人云："锲而舍之，朽木不折；锲而不舍，金石可镂。"毅力是坚韧不拔，是不离不弃，是成功之本。三分天注定，七分靠打拼。古往今来成功的人士之所以成功，都与坚强的毅力有关。在人一生中，逆境占了十分之六七，顺境只占了十分之三四。无论大小事情，必然会遇到各种各样的阻力，这些阻力虽然有的大有的小，但毕竟是不可避免的。意志薄弱的人，在阻力面前容易败下阵来，而那些意志坚强的人，凭着顽强的毅力就能取得一个又一个辉煌的成功。

任何事物的发展都是交替出现的，如果遇到挫折而不退缩，那么小的逆境之后，必定有小的顺境；大的逆境之后，必定会有大的顺境。以驾船来打个比方，如果用二十天的时间走一千里的路程，这期间风向潮流有时顺、有时逆，常常

专注是调动潜能的激发因素，坚持是挖掘潜能的掘进机。

交互错杂。所以，任何有经验的舵手都会在逆境中凭着耐力冲过一个个险阻，从容前进，从而赢得最后的胜利。

毅力是一种持久的意志，也是一种精神，坚持是靠毅力来支撑的。没有良好的心态，没有坚韧不拔、战胜困难的决心，没有对实现目标的坚强信念，在实施目标的过程中，遇到困难的时候，碰到挫折的时候，就会丧失信心，精心策划的目标、经过多次的努力、即将看到的曙光，都将付之东流。

欧洲古代有一个国王七次失败，都未能恢复自己的国家，感到前途渺茫。有一次，他偶然见到一只蜘蛛在织网，就把它刚织好的网碰破了。蜘蛛并不灰心，又重新织好。国王想：我七次受挫，已经没有信心了，如果我把蜘蛛网弄破七次，蜘蛛会怎么样呢？于是国王一次又一次地把蛛网弄坏，而蜘蛛一次又一次织好。国王在这个小生灵面前羞愧地低下了头，他从蜘蛛身上发现了"毅力"的可贵，决心重整旗鼓，第八次出征，终于成功了。

孟子说："要有作为，就譬如掘井，掘到七八丈深，还不见泉水，仍然还是一个废井。"要想汲取到井水，必须不放弃，凭借坚强的毅力坚持住，直到成功。

古希腊的德摩斯梯尼天生口吃，声音细小，说话总耸肩膀。但他并没有放弃他的演讲，日复一日，年复一年，皇天不负有心人，他终于成为当时雅典著名的学说家。如果成功的秘诀像一串珍珠，那么毅力是其中不可缺少的一颗，它总会在这串珍珠中熠熠发光。

# 第五章　要的就是不服气

如今的马云已经荣登"封神榜"，人们看到的大多是他光鲜亮丽的一面，很少有人关注他在"取经"路上历经的九九八十一难。马云高考3次落榜，4次创业失败。高考落榜后他想去酒店应聘服务员，但因为长相丑被拒绝，无奈之下找到一份骑三轮车给人送杂志的零工。海博翻译社是马云的第一次创业，第一个月收入700元，而房租是2400元，马云只好把一半店面租给别人，自己也开始做起了兼职，去义乌批发鲜花、手电筒、内衣、袜子、工艺品来卖。如今声名显赫的阿里巴巴集团董事局主席，当年也只是一个奔忙于街头的小小推销员。背个黑色单肩包，上楼，敲门，陪笑脸："我是来推销中国黄页的。"对方一脸迷茫，不耐烦地将他"请"出门外，甚至有人嘀咕："这人不像好人！"第四次创业失败后，马云决定南下杭州。临走前，他和团队伙伴一起游了一次长城，晚上住在一个小饭店，一起高唱《真心英雄》。当时或许没啥深意，但现在看来极具象征意义。阿里巴巴创办之初，最窘迫的时候银行账户上只有200元钱。不但面临资金压力，还遭遇当时行业霸主的疯狂围堵，eBay易趣放言马云的淘宝只能存活18个月。eBay买下搜索引擎关于"淘宝"的关键词广告，搜"淘宝"就出现"要淘宝，到易趣"的广告，还与各大主流网站签署排他性广告合同。淘宝网只能寻找中小网站做广告，但是广告投放没几天，eBay 易趣就用高于马云两三倍的价格独家买断该网站所有关于在线交易的广告。马云的淘宝网被逼得走投无路，淘宝网能做广告的地方只剩下公交车、电梯、地铁列车等低价值区域了。eBay 易趣为了从精神上彻底打败马云，特意在马云的淘宝办公室对面竖起巨大的 eBay 易趣广告牌。但马云没有被打败，马云的忍耐和坚持以及不服输的精神最终使阿里巴巴成为全球访问量最大的电商网站。

拿破仑这样说："人生的荣光不在永不失败，而在于能够屡败屡战。"不服输精神对任何人都有意义，对于人的一生中各个年龄阶段都有价值。不服输就是在遇到挫折甚至失败的时候，在面对艰难险阻的时候，在逆境中，不要轻易就认输，不要气馁。没有人是一帆风顺的，与其说比拼的是运气和机会等，不如说比拼的是一个人不服输的精神，凡是成就了一番事业的人无一例外都是那些具有强大坚持力的人，是那些不容易轻易认输的人。在与自己较量的过程中，不服输是重要的一个方面。

## 动辄就服气，永远赢不了

做人要有一种自我暗示的力量，要适时地鼓舞自己，攥住拳头，咬紧牙关，不断地坚持下去，要有在遇到困难和挫折时，非但不气馁，反而更加充满激情和积极向上、努力奋进的精神，这就是"拼劲"，是成功关键因素之一。

孟德斯鸠说过："很多时候，如果能够知道距离成功还有多远，获得成功也就不成问题了。"拼劲是一种不怕苦不怕累不怕难的精神，是一种不达目的誓不罢休的坚强意志。

拼搏是描画未来的绘画笔，不拼搏，未来便是一片空白。

从古至今，有拼劲，能坚持而获得卓越成绩的人不胜枚举，从他们的背后，看到的是奋斗、是汗水、是拼搏的精神，不经一番彻骨寒，怎得梅花扑鼻香？

跳水名将伏明霞，在她为亚特兰大奥运会做准备之时，身上隐约可见大大小小的伤痕，但一心想夺冠的信念激起她那一股子拼劲儿，她将一切都抛到脑后，一心一意地坚持带伤训练。恰是她的这种拼搏的精神、坚强的斗志，才令她在奥运会之上以精彩且无懈可击的表现夺得金牌，取得了成功。

拼搏就是要面对困难不退缩，是成功者所必须具有的精神。拼搏就是在困难面前不低头，摔倒了爬起来，继续向前走。拼搏就是在压力之下不逃脱，越是艰难越向前。拼搏不是一时心血来潮，不是空喊口号，拼搏是长期的，需要用坚韧的毅力来维持，培养拼搏精神需要让坚定的信心来导航。

匡衡，出身农家，祖父、父亲都是农民，但他却喜欢读书。匡衡年轻时家里贫穷，白天给人做工来维持生计，晚上才有时间读书，可是家里穷得连灯烛也点不起。邻家灯烛明亮，却又照不过来。匡衡就想出个法子，在贴着邻家的墙上凿穿一个孔洞，"偷"一点光亮，让邻家的灯光照射过来。他就捧着书本，在洞前映着光来读书。

匡衡家穷买不起书。同乡有个富翁家中藏书很丰富。匡衡就去他家做工，却不收分文工钱。富翁感到很奇怪，问匡衡为什么。匡衡说："我不想要工钱，只希望您能把家中的书都借给我读，我就心满意足了。"富翁听了，被他那种勤奋好学的精神深深感动，就答应了他的请求。从此，匡衡就有了极好的读书机会。史书上说，匡衡精力充沛，超越常人，富翁家丰富的藏书，加上匡衡本人的勤奋努力，终于把他造就成为一位知识渊博的学者。

一位哲人这样说："我知道，这世间最可依赖的，不是别人，而是我自己。所有这一切，都是个人拼搏所必需的。"

高尔基曾说过："敢于拼搏的人才是命运真正的主人。"只要顽强拼搏就会成功：在山穷水尽时搏一搏也许能看到柳暗花明；在寒冷的冬天搏一搏可能就会迎来温暖的春天……

成功的秘诀在于确认什么对你是最重要的，然后拿出各种行动与不达目的誓不罢休的决心，而这样坚定的决心来自对现状的不满足、不甘心。

你或许从没听说过桑德斯这个名字，但你一定听过或去过肯德基。在每一个肯德基店的门口，或是其食品的包装纸上，都印有一位看上去和蔼可亲、穿着白西服的老人像。他就是桑德斯，美国退役上校军官，全世界第一大速食炸鸡店的创办人。

桑德斯上校退役后，身无分文，孑然一身。当他拿到平生第一笔救济金时，只有一百零五美元，心里非常沮丧。但他没有消沉，更没有因自己年老且贫困而甘愿向命运低头。

他问自己：我到底还有什么资源可以利用呢？我还能为人们做什么贡献？终于，他想到了他有一份可能人们都喜爱的炸鸡秘方。或许可以将此秘方卖给餐馆，同时教给他们如何制作。若是餐馆生意因此而红火，说不定饭店老板会让他从中分红。

与许多人不同的是，桑德斯上校不仅想到了、想好了，可贵的是他立即付出了行动。于是，他驾驶自己那辆又破又旧的老爷车，挨家挨户向每个饭店推销他的秘方，并把想法告诉每家饭店老板。

很多人嘲笑他："算了吧，老伙计！果真有这么好的秘方，你何必开着老爷车四处推销？还是回家养老去吧！"听了这些话，他是否打了退堂鼓呢？他是否进而向老板们乞求了呢？没有。因为他相信求人不如求己。

他还坚信一条法则，即不懈地拿出行动。做任何事情，必须从中吸取经验，找出下次做得更好的办法。因此，他从不为拒绝而懊恼，而是问自己：怎样修正说辞？如何进行更好的操作示范，以更加有效的方法，说服下一家餐馆？

在两年的时间内，他驾着那辆破老爷车，穿着可笑的白西服，足迹遍及美国每一个角落。他风餐露宿，困了就和衣睡在车后座，醒了便逢人就说他的点子；为人示范所炸的鸡肉，经常是他果腹的餐点。他的点子在经历了两年多的推销之后，终于为人们所接受。

你可知道他被拒绝了多少次吗？整整 1009 次之后，他才听到第一声"同意"。整整两年的时间，在历经 1009 次的拒绝后，有多少人还能够锲而不舍地继续下去呢？仅凭这种精神，就足以使桑德斯上校不朽。相信很难有几个人能受得了 20 次的拒绝，更遑论 100 次或 1000 次的拒绝，然而这也就是成功的可贵之处吧。

如果能够好好审视历史上那些成大功、立大业的人物，就会发现他们都有一个共同的特点：不轻易为"拒绝"所打败而退却，不达成他们的理想、目标、心愿就绝不罢休。

当我们感到困惑的时候，当我们感到一筹莫展、无路可走的时候，应当静下心来，追问自己：我究竟想做什么？我究竟能做什么？然后，用你虔诚的心志为自己定下目标，让目标牵引你的行动，用不懈的行动去改写自己的命运。

华德迪斯尼为了实现建立"地球最欢乐之地"的美梦，四处向银行融资，可是被拒绝了 302 次之多，每家银行都认为他的想法怪异。其实并不然，他有远见，尤其是有决心想实现。今天，每年有上百万游客享受到前所未有的"迪斯尼欢乐"，这全都出于一个人的决心。

我们需要不断地提醒自己留意所想要的，别只看见问题却没有解决的办法。我们更需要告诫自己，即使此刻被那些问题所困扰，但绝不会永久挥之不去。

因为我们不甘心让生命陷在其中。坚信只要能持续去做对的事情，那么就会走出人生的低谷，亦会有所收获。我们凭毅力与弹性去追求所企望的目标，至终必然会得到所想要的。

# 太爱面子没出息

人人都有自尊心，人们都希望得到社会的承认。简而言之，自尊心就是尊重自己，维护自己的人格尊严，不容许别人侮辱和歧视的心理状态。

《孙子兵法》告诉我们：对付自尊心太强的人，你就去侮辱他、激怒他，使他失去理智，然后抓住他的错误攻击他。可见，没有自尊心绝对是个缺点，自尊心太强也绝对是个缺点。

一个人不自尊，就很难使别人尊重他。可是，一个人太过自尊，则过于敏感易扭曲。扭曲的自尊即是虚荣心，自尊心的过分表现，是一种追求虚表的性格缺陷，

凡事适度则好，没有自尊心不好，但自尊心太强显然也有害。

是为了取得荣誉和引起普遍的注意而表现出来的一种不正常的社会情感。

当一个人的自尊心过于强烈，渴望获得别人对自己的重视、尊重和赞扬，而自身又缺乏过人之处，不具备足以令人称道的实力时，则不得不寻求其他手段，如借用外在的、表面的，甚至是他人的荣光来弥补或替代自己实力的不足，以此满足自尊的需要。

世界著名化学家戴维将一位铁匠之子、小书店的装订工法拉第招收到他的实验室做助手。经过戴维的不断培养，再加之工作、学习的刻苦，法拉第逐渐超越了他的恩师戴维，不但首先提出并发现了具有划时代意义的电磁感应，而且开始撰写凝聚着毕生心血的巨著《电磁实验研究》。然而，戴维无法接受学生超过老师的事实，这使他的自尊心受到了打击。

于是，戴维说法拉第剽窃他和沃拉斯顿的成果，并拒绝将法拉第提升为皇家学会会员，这令法拉第的积极性与探索精神受到了磨难。

戴维是一个伟大的科学家，对科学做出了巨大贡献：他发现了钠、钾、氯、氟、碘……发明了安全灯制取电弧的方法。但是，戴维的过分自尊，使他过分敏感，认为所有的人都只关注了法拉第的成就而忽视了他的存在，致使他的自尊被扭曲，被虚荣与嫉妒的情绪所蒙蔽，使得电磁实验停顿了 9 年。

过于自尊的人，总是把自尊看得很重，易于过分敏感。内心希望得到别人的重视，唯恐被人忽略，过分看重别人对自己的评价，可任何负面的评价又会导致内心激烈的冲突，甚至扭曲别人的评价。

我们应把看问题的立足点改变一下，不要光想着自己的面子，还要看到比这更重要的东西，如事业、工作、友谊等。此外，我们还要坚持让自尊服从交际的需要。有了这种思想，对自尊就有了自控力，即使受到刺激，也不至于失去自我了。

元代的《黄金秘史》中记载了这样一则民间故事。一只青蛙和两只大雁在水塘里愉快地生活。后来水塘里的水越来越少，快要干涸了。

大雁商量，去寻找一个有水的好地方。青蛙听到这话着急了："我怎么办？要么在这里渴死，要么在路上累死，你们应该带上我。"大雁说："你说出带走你的方法，我们就带你走。"青蛙想了想回答："你们俩叼着一根木棍的两端，我用嘴咬着木棍，咱们就可以一起飞行了。"果然，大雁用这个方法把青蛙带上了天空，向远方飞去。它们经过了沙漠和田地，当飞越一座村庄时，人们说："多聪明的大雁啊，把青蛙带到了远方。"青蛙听了这话，有点委屈，想到和大雁是朋友，就没做辩解。它们又经过了一座村庄，人们还说："多聪明的大雁啊！"青蛙忍不住了，终于张开嘴说："这是我的主意……"还没说完，就掉到地上摔死了。

这个13世纪的民间传说让我们懂得过分的虚荣作祟，只会把自己推到不义的境地。虚荣如浓密的乌云，会挡住人生灿烂的阳光，而使人蒙受阴影；虚荣如泛滥的洪水，会冲断人生的桥梁，使人徘徊不前。

人一旦有了虚荣心，便如盛夏突然而来的狂暴肆虐的风雨，它会吹走你的谦虚谨慎、自知之明、沉着稳健，以及那颗质朴、纯真、醇厚、深沉的心，它会给你带来骄傲自满和盲目自大。

翻开历史的长卷，你会发现许多因为虚荣而功败垂成的人。秦始皇统一六国，燕赵之收藏，齐楚之经营，韩卫之精华，尽归囊中。正是他的骄傲自大、虚荣自满、施行暴政、不得人心，使得人民群起造反，导致强大一时的秦国就此土崩瓦解！三国时的关云长，一生经历无数战斗，赢得众人的赞美。虚荣让他越来越自负，落败走麦城，何其衰也！从此东山难起，终落得身落敌手，人头落地，实为悲哉！

我国晋朝时有两个暴发户。一个是高官石崇，他搜刮民脂民膏，劫掠客商财富，及至富甲天下。当时他自称除天子之家外，他是天下第一富户。另一个是外戚王恺，他倚仗皇室势力，家中也十分富有，他不服气石崇，两人多次斗富，王恺虽然有武帝的支持，仍然没有取胜。有一次，王恺拿出御赐的二尺多高的珊瑚树向石崇炫耀，没料想石崇随手拿起铁石故意将它击碎了，随后又搬出自己家中六七株三四尺高的珊瑚树，结果弄得王恺气恼不已。

石崇的巨富和奢侈引起了统治者的不安。八王之乱时，朝廷以结党之罪把他杀了，石家的万贯家财灰飞烟灭，家人散尽，仆役充公。王恺后来也没有得到好下场。

历史的印记告诉我们，虚荣必然招来灾难，虚荣是一种追求假的荣耀而使自己获得别人尊重或被别人羡慕时产生的自我满足心理。这种心理是一种追求虚表的性格缺陷，也是一种错位的并被扭曲的自尊心。

上帝给了我们什么就应该尊重什么，名和利是生不带来死不带去的。世上没有免费的虚荣供世人消遣，唯一有的只是自己的劳动所创造出来的辉煌成果。

人生匆匆，岂可为华而不实的虚荣而虚度光阴。虚荣是白雪中的污垢，是生命中悲伤的炊烟，是人生画卷中的污渍，只有戒掉虚荣，低调做事，脚踏实地，才能获得丰富人生的成功。

# 向打不死的"小强"致敬

蟑螂是最古老的昆虫之一，曾与恐龙生活在同一时代。化石证据显示，原始蟑螂约在四亿年前出现于地球上。亿万年来它的外貌并没什么大的变化，但生命力和适应力却越来越顽强，一直繁衍到今天，广泛分布在世界各个角落。蟑螂善于爬行，会游泳，危急时也可飞行。香的、臭的、硬的、软的、垃圾、粪便、死动物、面包、糕点、馒头、衣服、书籍、皮毛、中药材、肥皂、鞋刷、枯叶、头发、电线胶皮、硬纸板、油漆屑……都是蟑螂的食物，它们几乎什么都吃。有十二种蟑螂可以靠糨糊活一个星期，有一类蟑螂只喝水可以活一个月，没有食物没有水仍然可以活三个星期。值得一提的是，一只被摘头的蟑螂可以存活九天，九天后死亡的原因则是过度饥饿。

曾经有生物学家这样说：如果有一天地球上发生了全球核子大战，在影响区内的所有生物包括人类和鱼类等都会消失殆尽，只有蟑螂会继续它们的生活！

蟑螂很恶心，但它超强的生存力却应该让人思考和学习。

提起蟑螂，十有八九的人恐怕都会憎恨和恶心，但仔细想想，蟑螂所表现出的超强生存能力难道不值得我们思考、借鉴和学习吗？

蟑螂的"八大精神"：

- 隐忍轻视和屈辱
- 不显摆张扬
- 一切为了生存
- 坚强的意志力
- 超强的适应能力
- 时刻等待着
- 橡皮一样的韧劲
- 打不死的精神

将"蟑螂精神"推演到为人做事的道理，会给我们很大的启示。发扬"蟑螂精神"，就能看得惯、想得开、行得远，就没有过不去的沟沟坎坎，没有克服不了的艰难险阻。

人们都很讨厌蟑螂，因为它到处都有，打了一只，又出来一只。有缝就钻、有洞就躲，连杀虫剂它们也不在乎。

据科学家研究，蟑螂是和恐龙同期的昆虫。可是恐龙都死光了，蟑螂却还在地球上存活，并且大量繁殖，一只母蟑螂一辈子要生几百代，蟑螂可以在最恶劣的环境中生存，只要那么一小滴水，它就可以活下来。

人如果也有蟑螂的韧性，还有什么日子不能过呢？人的一生当中会碰上许多不如意的时候：生意失败、失恋、被误解、被羞辱、被炒鱿鱼、家道中落……不论哪种不如意都会造成不同的压力与打击。有人根本不在乎，认为这只是人生中必然会碰到的事；有人很快就能挣脱沮丧，调节自己，重新出发；但有些人只被轻轻一击就倒地不起，一蹶不振，丧失斗志。

如果你现在不如意，只要你已感到了沮丧，那么就请你像蟑螂一样活着！蟑螂是墙缝里可生存、壁橱里可活命、阴沟里也可存在的昆虫。当你遇到不如意的事，无论是客观环境或主观感受，不就有如在墙缝、壁橱、阴沟中吗？如果你因为过着这种灰暗的充满人性脏臭与羞辱的日子而灰心丧气，失去活下去的勇气，那么只能说你连一只蟑螂都不如！

恐龙已经绝迹，蟑螂却仍在世上猖狂，只因为它活下来了。所以你也要在最黑暗、最卑贱、最痛苦的时刻隐忍地活下来，像一只蟑螂那般活下来。在这种时候，你不要去计较面子、身份、地位，也不要急着出人头地，虽然这种日子很容易让人沉不住气。但只要沉得住气，只要存在就会有希望，就有机会重见天日！

这不是安慰你，而是事实本就如此。越王勾践20年卧薪尝胆终得灭吴。流亡公子重耳历尽艰辛，终成国君；孙子周游各国，历尽千辛万苦，铸就《孙子兵法》，成就最伟大的兵家史书；刘备早期也是东奔西跑，后得诸葛亮之助，成就三国之势。重新出头的那一天，你会得到更多的尊敬，因为人民虽然屈服于强者之下，但打不死的勇者更有号召力和感染力！

有过蟑螂般的生活经验，便不怕他日横逆之来，换句话说：对不如意的事更能坦然面对，能屈能伸，阴暗的日子能过，风雨的日子能过，人到了这种地步，还能被什么事情难倒呢？

人不怕痛苦，只怕丢掉刚强；人不怕磨难，只怕丢掉希望。宝剑锋从磨砺出，梅花香自苦寒来。能够潜藏于黑暗，终究会迎来阳光。

## 心不屈服是真坚强

每个人在工作或生活中，都有过成功，也有过失败。脆弱的人之所以脆弱，关键在于常常为失去的东西而烦恼，许多人都有过丢失某种重要或心爱之物的经历，如不小心丢失了刚发的工资，心爱的手机被偷了，相处了好长时间的恋人拂袖而去等。

这些大都会在我们的心里投下阴影，有时甚至因此而备受折磨。究其原因，就是我们没有调整心态去面对失去，没有从心理上承认失去，只沉湎于已不存在的东

人总是容易活在过去的阴影中，而忘了眼前的阳光。

西，而没有想到去创造新的东西。

一个人坐在轮船的甲板上看报纸，突然一阵大风把他新买的帽子刮落到大海中，他摸了摸头，又继续看报纸。另一个人提醒说："先生，你的帽子被刮入大海了！""知道了，谢谢！"他仍继续看报纸。"可那帽子值几十美元呢！""是的，我正在考虑怎样省钱再

买一顶呢!"说完继续看报纸。人们常说"旧的不去，新的不来"，与其为失去的手机懊悔，不如考虑怎样才能再买一个新的，与其因为恋人的离开而痛不欲生，不如振作起来，重新开始，去赢得新的爱情。

2004 年 11 月的美国总统选举中，民主党候选人约翰·克里惜败于对手布什，克里欲取代布什入主白宫的梦想就此破灭。那时，刚刚参加完布什就职典礼的克里是否已经走出落败的阴影？是否会在 2008 年卷土重来？在共和党人的领导下，身为参议员的克里又将扮演怎样的角色？克里在接受路透社专访时说："我没有细想这些事情，我要继续努力。无所事事只会白白浪费时间。"

1914 年，举世闻名的发明大王爱迪生的实验室发生大火，眼看着所有的研究成果将付之一炬，爱迪生的儿子焦急地四处找寻父亲，意外地发现满头白发随风飘扬的爱迪生竟然也挤在人群中平静地观看大火，好像身旁无关的群众一样。

儿子气喘吁吁地对他说："实验室就快烧光了，该怎么办呢？"

爱迪生表情平淡地说："去把你母亲找来，这样的大火真是难得一见。"

隔天，爱迪生面对化为灰烬的实验室说："感谢上帝，一把火烧掉了所有的错误，我又可以重新开始了。"

爱迪生忘掉大火，重建了他的实验室，并成功地在大火之后 3 个月发明了留声机。

人生，不可能一路顺畅无阻。遇到无法挽回的事情，与其终日怨叹，哀哀自怜，一直活在阴影中，倒不如往前一步，只要一步，就能找到阳光，重新开始。

在每个人的生命中，失去、失败、内疚和悲哀有时会把我们引向绝望，蒙上挥不去的阴影，关键是我们如何调整心态。不要为打翻的牛奶哭泣，为过去哀伤，为过去遗憾，除了劳心费神，分散精力，没有一点益处。

忘却过去的不幸，重新开始新生活。"未知的范围"永远大于我们"已经知道的范围"，当你说"不可能"时，只是代表在你"已知范围"内的方法无效而已。不要为自己画界限，要把自己的心打开一点点，走出自己划出的疆界，你就会发现失败了不要紧，只要不被失败的阴影锁住，振作精神，寻找新的机会，重新开始……

在阴影中停留只能错失更多的机会，人生有许多事情要做，失去并不意味着失败，失败也不意味着就不能爬起来。失去后还可以重新拥有，失败了也可以重新开始。

## 君子成事，十年不晚

有很多有才华的人并不是天生的光芒四射，而是在默默地努力着等待时机。许多人一味莽撞，永远没有掌握等待的奥妙，等待不是怯懦，而是寻找更好的机会。等待机会的来临，并紧紧抓住，就是为成功奠基。

　　地中海东岸的沙漠里生长着一种蒲公英，不同于一般蒲公英的生长，它并不按季节来舒展生命。因为在干燥的沙漠地区，如果没有雨，它一生一世都不开花。

　　针处囊中必自现，积攒实力，等待被发现的那一天。

但是只要有一场雨，哪怕雨极小，而且不论这场雨什么时候落下，它们都会抓住这难得的机会，迅速开出花朵，并抢在雨水蒸发掉之前，做完受孕、结籽、传播等所有的事情。

　　犹太人就有这样的风格，在向穷人表示感激时，会赠送一株沙漠蒲公英作为礼物。他们认为，在这个世界上，穷人发展自己、提升自己的机会就像沙漠中的雨水一样少，但是人一旦拥有了沙漠蒲公英的品性，坚韧生长，默默等待，机会来临时，就果敢地抓住，自己的才能才会得到世人的肯定，就能成为了不起的人。

　　在我们的生活中，能力不足、基础不稳固之时，燕子衔泥般的努力积累，不动声色地等待时机成熟是一种智慧。小鹰羽翼未丰时，一次次飞向矮墙，是在为有朝一日搏击长空而努力，一旦它羽翼丰满，定会有一飞冲天的日子。

　　"天将降大任于斯人也，必先苦其心志，劳其筋骨，饿其体肤，空乏其身，行拂乱其所为，所以动心忍性，曾益其所不能。"人必须学会在今日默默努力，为明天"自现"而等待。

　　急功近利的人常常庸人自扰，他们期待一夜成名，一夕暴富，却忘记了自己的处境就如同沙漠里的蒲公英，转瞬即逝的机会就是沙漠里珍贵稀少的落雨，只有在每一个干旱恶劣的日子里默默累积力量，才能在得来不易的甘霖中舒展生命。

每个人都有愿望和理想，而所有今天的付出和汗水正是在为未来努力。今天和未来之间也许会有一段不小的距离，为缩短这差距，除了努力磨炼自己，你还要有足够的耐心等待。未来毕竟是将来时态，只有时间才能证明我们今天的努力所孕育的力量。努力和等待，都是在为成功奠基。

低调的态度，正是如此！

低调的人知道等待的好处，他相信，只要坚持不懈，就会像种子一样，始终努力地生长，终究有一天，种子会破土而出。正如在袋中装尖针，还是铁棍的时候没有人知道它有多锐利，只有默默磨炼自己，变成不容忽视的尖针，自然会有锋芒毕露的一天。

那小小的种子，生长得好不艰难，也极缓慢，但它是明白这个道理的吧：欲速则不达。力量就是在一日日的积累之后爆发出来的，冲破土层，骄傲地挺起柔嫩的身子，迎接阳光。经验、能力也是这样的，所谓厚积才能薄发，锲而不舍的努力，天长日久的等待，才换来深刻透彻的分析、一针见血的认识和迅速果断的措施。种子因为努力和等待日益成长，而我们每一个人也只有努力和等待才能更接近成功。

# 没有啃不动的骨头，只有啃不动骨头的人

成功的人绝对不会因平庸的表现而自满，而且他们不管做什么事情，必然都会拥有志在必得的信念、全力以赴的态度，并追求极致的完美。

罗素·H. 康威尔曾经说过："不管做什么事情，都要全力以赴。成功的秘诀无他，不过是凡事都自我要求达到极致的表现而已。"志在必得、全力以赴的精神往往能激发人潜在的巨大能量。

泰勒牧师曾经在教会学校的一个班里郑重其事地承诺：谁要是能背出《圣经·马太福音》中第五章到第七章的全部内容，他就邀请谁去西雅图的"太空针"高塔餐厅参加免费聚餐会。

《圣经·马太福音》中第五章到第七章的全部内容有几万字，而且不押韵，要背诵全文无疑有相当大的难度。尽管参加免费聚餐会是许多学生梦寐以求的事情，

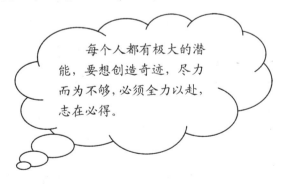

每个人都有极大的潜能，要想创造奇迹，尽力而为不够，必须全力以赴，志在必得。

但是几乎所有人都浅尝辄止，望而却步。几天后，班上一个 11 岁的男孩，胸有成竹地站在泰勒牧师面前，从头到尾按要求背下来，竟然一字不落，没出一点差错，到了最后，简直成了声情并茂的

朗诵。

泰勒牧师比别人更清楚，就是在成年的信徒中，能背诵这些篇幅的人也是罕见的，何况是一个孩子。泰勒牧师在赞叹男孩那惊人记忆力的同时，不禁好奇地问："你为什么能背下这么长的文字呢？"男孩不假思索地说："我全力以赴，志在必得。"16 年后，那个男孩成了世界著名软件公司的老板，他就是比尔·盖茨。

传说有一次李广将军骑马在夜晚行走，忽然一阵风迎面吹来，前面的草丛一阵偻动，李广隐约看到前方趴着什么东西，"老虎！"李广不禁暗道。于是便搭弓射箭，只听"砰"的一声，李广也顾不上观看，赶紧拨转马头离开。

第二天，他带了几个手下一同前往想看个究竟。到了那里后，眼前的情景令所有在场的人惊叹不已。原来根本不是什么"猛虎"，竟是一块石头。更令大家惊讶的是，居然整个箭头都射进了石棱里，大家不禁赞道："好精准，好神力！"李广决定再试，尽管射了好多的箭，但无论如何也射不进去了。同样是李广，同样还是那块石头，因为所处的情况不同，心态不同，结果也就不同了。之前，李广在求生的情况下全力以赴，奋力一搏，爆发出了惊人的、超常的潜能。

全力以赴是一种态度，志在必得是一种追求，这不仅是工作的原则，也是生活的原则。面对激烈的竞争，我们必须做到不断地逾越平庸，不断地追求完美。只有心怀"志在必得，全力以赴"的理念，制定高于他人且超越自我的标准，才能最大限度地将自己的能力发挥得淋漓尽致，才可以达到最高的目的。

## 不要上了小人的当

在 20 世纪的欧洲，为了实现欣赏的最佳效果，排除一切可能的干扰，音乐家演奏时总要熄灭现场所有的灯光。小提琴家帕格尼尼有个仇人，他十分嫉恨帕格尼尼高明的演奏才艺，就在帕格尼尼的一次个人演奏会上趁熄灯时，偷偷换下了他的琴。

帕格尼尼没有慌乱，也没有声张，而是拿着那把破琴一如既往地演奏着。演出取得了极大的成功，当灯光亮起时，帕格尼尼举着那把琴平静地说道："有人偷换了我的琴，但正是他证明了美妙的音乐不在乐器上，而在演奏者本人。"演奏厅里爆发出了雷鸣般的掌声。

被人嫉妒，是因为你还不够优秀！妥善处理和"小人"的关系。

刘福奎曾经在《生活拾零》中写道："当你超过别人一点点时，别人就会嫉妒你，当你超过别人一大截时，别人就会羡慕你。"所以，当你被人嫉妒的时候，是因为你还不够强。

嫉妒只存在于同一个层次之间，一个乞丐不会去嫉妒比他有钱的百万富翁，但是他会去嫉妒比他混得好的另一个乞丐。唯一摆脱嫉妒的方法就是努力做得更加优秀。如果你们都不在同一个层次的时候，换句话说，当你们不再处于同一个世界时，他的嫉妒也就变得望尘莫及，而你也不再在乎嫉妒的存在。

鲁迅先生这样描述嫉妒的人："这种人就像很矮的人，总是瞪着不示弱的眼睛，千方百计地想把别人也拉矮，同他们穿一个号码的裤子。"培根说："在人类的各种情欲中，有两种最为惑人心智，这就是爱情与嫉妒。"

其实，嫉妒和自卑一样，都是不够自信的表现，嫉妒他人者，不但破坏了自己享受生活的心情，而且也显现出自己的平庸和落后。《圣经》中把"嫉妒"叫作"凶眼"，并告诉我们，魔鬼之所以要趁着黑夜到麦地里去种上稗子，就是因为他嫉妒别人的丰收！这说明嫉妒是无法根治的人性弱点，因此，怎样对待别人的嫉妒，就要看我们自身了。

根究嫉妒的来源，嫉妒总是来自于自我与别人的比较，如果没有比较就没有嫉妒。所以皇帝通常是不被人嫉妒的，除非对方也是皇帝。一个有崇高美德的人，他的美德越多，别人对他的嫉妒将越少。所以说，减少别人对你嫉妒的唯一途径就是丰富和完善自己，拉大你和嫉妒者之间的差距，把嫉妒者的挑剔看成是帮你找差距，变嫉妒为动力。

你有100元，他有10元，那么你一定会遭人嫉妒——这个目标他也可以达到。你有1000元，他有10元，对你的嫉妒将会变成请教——你是怎样比他多了近100倍的。你有10000元，他有10

元，你就是他的偶像、他的楷模了。你有 1 亿元，他有 10 元，还说什么？你已经是他眼里的神了。被人嫉妒，是因为你还不够优秀！

《庄子》里讲过这样一个故事：战国时，惠施在魏国当相国，庄周跑去要与他会面。惠施听人说，庄周这次来魏国的目的，是想取他相国之位而代之，所以十分紧张，命令官兵在都城搜捕了三天三夜，但还没抓到庄周。

正当惠施坐立不安而又无可奈何之时，庄周却自己找上门来了，还对他讲了一个故事，"南方有一种鸟，从南海出发，飞到了北海。不是梧桐树它不会栖身，不是仙果它不会吃，不是清冽的甘泉它不会喝。猫头鹰弄到了一只死了好几天、身体都腐烂了的老鼠，正巧该鸟飞过，猫头鹰抬头看见了，以为这只鸟想吃它的老鼠，于是发出惊叫'吓'。现在，你难道也要用魏国来'吓'我吗？"

在现代社会，像惠施与猫头鹰这样"以小人之心度君子之腹"的人其实是很多的。例如，有的人害怕有才能的人调入自己的单位或部门，担心自己的地位保不住，被人取代，于是想方设法要去整这个人。且不说现在是竞争的时代，巨石尚且压不住雨后春笋冒尖，即使百般阻挠，能阻止新苗不脱颖而出吗？何况你现在的位置在你眼里是宝座，也许人家并不稀罕呢！

古语曰："唯女子和小人难养也。"我们且不说它的观点是否偏激，只是它所说的这种现象就证明了小人的存在和不可小觑。

古代因为"不屑与小人为伍"而终被小人所杀的例子还少吗？

商朝纣王宠溺妲己，已经到了"妲己之所誉贵之，妲己之所憎诛之"的地步。纣王的叔叔比干实在看不下去，就向他进谏说："不修先王之典法，而用妇言，祸至无日。"妲己在一旁道："我听说圣人心有七窍……"纣王一听接着说："爱妃有如此求知之心，那就打开看看吧。"于是，"剖心而观之"。当时只要不依附于妲己的能人没有不被杀害的，反而那些装疯卖傻的人才活了下来。

也许你要说我不得罪小人，离他远远的，还不行吗？不尽然。一般来说，小人比君子敏感，心理也比较自卑，你要是离他们太过疏远，他们就会以为你不把他们放在眼里，反而更容易心生嗔念："你有什么了不起！"他会想方设法给你使绊子，让你栽跟头。

如何才能够"明哲保身"呢？首先，要以君子之道对待小人。"君子之交淡如水"，不要和他过于亲近，保持淡淡的关系；不在言语上刺激他们，也不要在利益上得罪他们，尤其不要为了"正义"而去揭发他们。小人总有一天会受到惩罚，不是因为你，而是因为他自己"多行不义必自毙"。

其次，吃些小亏也无妨。"小人"会因"无心之过"或者"故意"而伤害你，如果是小亏就算了吧。因为你不但讨不回公道，反而会结下更大的仇，所以看开点，毕竟狗咬了人，人不能为了报仇而去咬狗。

因此，我们要做的就是"明哲保身"，即使得罪了小人，也要让他成为激励自己的动力，让自己的工作更加完美，让小人们找不到把柄来陷害你。

# 第六章　学会悄悄使暗劲

不论做人还是做事，都要使劲才行。劲是一样的，但使劲的思路、方式、方法却大不相同。不论是使明劲，还是使暗劲，都是使劲的一种策略。如何使劲无法一概而论，需要依据时间、地点、环境事情属性等的具体情形来决定。

契科夫早在一百多年前就断言"生活就是战斗"。如今我们生活在以竞争力为杠杆的市场经济时代，社会摒弃了滥竽充数的平均主义，无法靠吃"大锅饭"而生存，在这样的大时代背景之下，生活就更是战斗了。

《孙子兵法》说"兵以诈立"，才能"其疾如风"、"动如雷震"。明朝洪应明说："神奇卓异非至人，至人只是常。"意思是那些看起来玄奇莫测的人其实没什么，真正厉害的人看起来跟平常人一样。

动物世界中，凶猛如老虎狮子者，在捕猎之前总会选择有利地形长时间潜伏，只有认为时机到了才会猛然出击。有的人为人处世很张扬，即便是鸡毛蒜皮的事情都生怕别人不知道，四处宣扬，逢人便讲。只要有一星半点的计划打算，八字尚无一撇，就张扬得人人皆知。虽然不能说张扬就一定有什么问题，甚至在有些时候真的需要张扬一些才好。但是张扬的坏处很多，张扬之后如果毫无成果，或者雷声大雨点小，必然会影响一个人在周围人心目中的形象，造成个人品牌损伤。大话说出去了，也会给自己制造不必要的压力感。会给人说闲话的端由，也会给竞争对手使绊子、刻意制造阻碍提供了可能。一般来说，在做事情之前和做事情的过程中，最好要沉住气，悄悄使暗劲。

习惯于使暗劲的人才是真正有智慧的人。

## 啥都不说，悄悄行动

与别人分享梦想的时候，迎来的并不是鼓励的声音，除了打击讽刺就是有人想要"偷走"梦想。要学会不说话，为实现梦想而积蓄资源，搜集素材，直到公诸于众时已经万事俱备了。

西汉时，有一位勇猛善战的将军，名叫李广，一生跟匈奴打过七十多次仗，战功卓著，深受官兵和百姓的爱戴。

李广虽然身居高位，统领千军万马，而且是保卫国家的功臣，但他一点也不居功自傲。他不仅待人和气，还能和士兵同甘共苦。每次朝廷给他的赏赐，他首先想到的是他的部下，把那些赏赐全部分给官兵们；行军打仗时，遇到粮食或水供应不上的情况，他自己也同士兵们一样忍饥挨饿；打起仗来，他身先士卒，英勇顽强，只要他一声令下，大家个个奋勇杀敌，不怕牺牲。

后来，当李广将军去世的噩耗传到军营时，全军将士无不痛哭流涕，连许多与大将军平时并不熟悉的百姓也纷纷悼念他。在人们心目中，李广将军就是他们崇拜的大英雄。

汉朝伟大的史学家司马迁在为李广立传时称赞道："桃李不言，下自成蹊。"意思就是说，桃李有着芬芳的花朵、甜美的果实，虽然它们不会说话，但仍然会吸引人们到树下赏花尝果，以致树下都走出一条小路。李广将军就是以他真诚和高尚的品质赢得了人们的崇敬。

有一个人一直想成功，他做过种种尝试，但到头来都以失败而告终。他非常苦恼，就跑去问他的父亲。他父亲是个老船员，意味深长地对儿子说："要想有船来，必须修建自己的码头。"儿子听后沉思良久。之后，他不再四处尝试，而是静下心来好好读书。后来，他不但考上了大学，而且成了令人羡慕的博士后。不少公司请他加盟，而且待遇高得惊人。

人生的道路看起来好像很曲折，但事实上并非如此，做人如果能够做到抛弃浮躁，安定自己的内心世界，锤炼自己，让自己发光，就不怕没有人发现。与其四处找船坐，不如自己修建一座码头，到时候何愁没有船来。人这一生，出身、地位、身份并不影响你所修建的码头质量。但恰恰相反，你所修建的码头的质量会影响到你这里停靠的船只。

人不用为了让自己声名远达，而大肆宣扬自己的好。要记住，只要是金子，到哪里都会发出耀眼的光芒。真正有能力、有才华的人，不用扬言也会得到大家的赞同。

古今的名人，有哪些是因为宣扬了自己的长处而出名的呢？宋代的文学家欧阳修才华横溢，深受时人及后人的景仰。尤其是他那与民同乐的思想，更是深入人心。你可曾听说他为了让自己出名而大肆宣扬自己的学问吗？

受万人崇拜的革命先驱鲁迅先生，笔耕不辍，终生为了民众的觉醒和中华民族的振兴而奋斗。人们敬仰他，不是因为鲁迅先生说过"我的才华很好，你们要尊敬我"之类的话，而是因为鲁迅先生在不言之中已为人民、为祖国做出了巨大贡献。

当墙角瓦砾间那弱小的花朵绽放了笑靥，幽幽的香气便会把蜂招来、将蝶引来；当清泉冲破岩层涌出山涧汇成小溪，甘甜的泉水便会引来戏水的游鱼、玩耍的小虾；当蛹破茧变成蝴蝶，美丽的翅膀便会博得画家与诗人的阵阵喝彩、再三咏唱。花朵懂得，泉水懂得，蛹儿懂得，人生没有一蹴而就的成功，也没有信手拈来的幸运。

所有的东西都需要付出艰辛去努力，付出耐心去等待。一旦蓄够了锐气，炼就了实力，你将成为皎洁的月亮，体验众星捧月的甜蜜。是千里马，何愁无伯乐提拔？栽下梧桐树，何愁引不来金凤凰？桃李不言，下自成蹊，为人诚恳，严于律己，自然会感动别人，自然会受到人们的敬仰。

# 让结果使对方哑口无言

当行动正式拉开序幕的时候，讽刺打击并不会停止，甚至谩骂、诋毁的声音都会来到。拿结果说话是最好的解决方式，当看到自己的行动得到了成果上的回报，别人的声音已经不重要了，重要的是换来了更多人的理解与尊重。那些曾经打击讽刺甚至诋毁中伤的人并不会因为你的结果而改变他的性格，但是他们至少已经哑口无言。

被人轻视，也就是为自己注入了一种独有的推动力。这种推动力会激发一个人所有的潜能，使其摆脱垫底的落寞，再也没有什么理由能够比这个更令人奋发努力的了。《中庸》里说的"知耻而

在实利社会，人们的价值观都很现实，最有说服力的是结果而非过程。

后勇"就是这个道理。面对轻视，我们需要做的就是做出点成绩，做出点事情来证明自己的能力。

有时被人轻视，也常常会为自己赢得另一片更为广阔的发展空间，发掘自己从未发掘过的潜力与力量，成就另一片天地。

1964 年，美国好莱坞"联艺"电影公司拍摄一部名为《最好

的男人》的影片，片中主角是一位总统。当时一位53岁的男演员报名参加主角试镜时，电影公司的主管却将他淘汰了，理由是他"不具备一名总统应有的相貌"。15年后，这位68岁的老演员却成功竞选为美国第40任总统，他就是罗纳德·里根。

这是一个令人振奋的故事，让我们感叹轻视在内心拥有巨大能量的人面前显得多么微不足道。

被人轻视有时也是为自己增加一份特别阅历的最好途径。人生一世，尝尽百味才完美，辛酸也是其中之一。

曾经有一个黑人大学生参加全美大学生篮球联赛，随即被NBA的一支弱旅选中。在正式开始他的职业篮球生涯前夜，他遇见了他一直以来的偶像——篮球明星巴克利，而巴克利却侮辱般地打了他后脑勺一下，说"你根本不知道什么是篮球"。后来，这位黑人小伙子成为了篮球史上最伟大的运动员，他就是迈克尔·乔丹。

轻视常常是一个绝好的成长和发展的环境，你可以完全静下心来自由发展。将别人对你的轻视化为动力，努力奋发，按照自己的意志来安排自己的发展，规划自己的步伐，争取最后的胜利。

"只有沿着崎岖的小路攀登的人才会达到光辉的顶点"，马克思的这句名言也蕴含了这层意思。

生活在鲜花和掌声中的人值得羡慕，但或许只不过是昙花一现；生活在轻视与嘲弄中的人令人沮丧，但或许振奋之后便是日月经天。生活在喧嚣和闪光灯下的人往往最终会独忍失落，生活在人迹寥寥的田园山野这样一片净土之间，人才会慢慢发现人生的本质和成功的秘诀。当你被别人轻视的时候，就把自己的心放逐于这样一片净土之中吧，要知道，这也是一种幸运，至少是通向幸运的一条小路。

# 竞争就是斗智斗勇

拣别人不愿意做的事情来做，常会被人嘲笑为傻瓜，但其实做别人不做的事情是一种哲学观。它背后的理念是因果定律，结果不是偶然的，而是由一个个原因造成的。和别人做一样的事情，意味着得到的结果就是大数结果，这是一个规律。以前是这样，以后还是这样，不会有任何例外。

做别人不做的事情，意味着特殊，意味着独特，意味着出众，它有时候意味着辛劳与风险，但同样意味着收获与机会，做了大多数人不做的事情，才有机会得到大多数人得不到的收获。

垃圾桶哲学：别人不要做的事，我拣来做。做别人所不敢做、完成别人所不敢尝试的事。智者顺时而谋，愚者逆时而动。

公司常常会有一些既累又不讨好的苦差事，大部分人都不愿意去做，找出各种各样的理由推搪掉。但其实，恰恰是此类差事能体现自身对公司的价值，我们完全可以接下这样的任务，并力求将事情做好。

退一步考虑，即使这件事情你未能成功，也不会令你的地位更差，相反可能会令上司觉得其他人在挑三拣四，而你愿意接受这个难题，更加表明你对公司的责任心。如果你成功地解决问题，上司会对你另眼相看。

当然，做别人不愿意做的差事，处理方法也要灵活，不必全都按部就班，根据实际情况选择不同的手段。用与众不同的方法做事，更能引起上司的注意。

国内著名经济学家厉以宁教授曾在一次学术讲座中讲过一个生动有趣的事例：如果一名犹太人在美国某地开了一家修车店，那么，第二名来此地的犹太人一定会想方设法在那里开一家饮食店，以另辟蹊径。但中国人则往往相反，如果一名中国人在某地开了一家修车店，第二名来此地的中国人大多也是开修车店，老调重弹。

在商海搏击的浪潮之中，只有想在人先，做在人前，以"变"应"不变"，才能掌握胜机，立于不败之地。美国著名的演讲家南丁格尔说过："如果你的身边没有成功的范例可以模仿，那你就只需要注意周围大多数人的行为，看他们是怎么做的，然后反其道而行之就行了，要知道，多数人的做法总是错误的。"日本企业界巨擘松下幸之助在总结经商之道时也提出过一个著名口号："做别人不做的事。"

有报道称，英国有位精明的商人开办了一家"填空当"公司，专门设计、生产、销售市场上断档脱销的商品，做独门买卖，结果生意兴隆，财源广进。德国一位富商在起步时曾推出一家"怪缺商店"，其经营的商品在一般市场上很难买到，如六指手套、单脚皮鞋、缺一只袖子的衬衫、驼背人穿的外衣等，结果不但销路顺畅，而且不久就声名鹊起。

做别人不做的事，就是敢于打破思维，开辟新市场、新领域，具有敢为天下先的精神。它昭示的不是追求另类，而是追求空档和机会。

敢于冒险，做别人所不敢做、完成别人所不敢尝试的事，就是展示你在别人眼中更优越的方式。我们会将这样的人称为"第一个吃螃蟹的人"。

相传几千年前，江湖河泊里有一种双螯八足、形状凶恶的甲壳虫。不仅偷吃稻谷，还会用螯伤人，故称之为"夹人虫"。后来，大禹到江南治水，派壮士巴解督工，而夹人虫的侵扰严重妨碍着工程。巴解想出一法，在城边掘条围沟，围沟里灌进沸水。夹人虫过来，就此纷纷跌入沟里烫死。烫死的夹人虫浑身通红，发出一股诱人的鲜美香味。巴解好奇地把甲壳掰开来，一闻，香味更浓，便大着胆子咬了一口，谁知味道鲜美，比什么东西都好吃。于是，被人畏的害虫一下成了家喻户晓的美食。大家为了感激敢为天下先的巴解，用解字下面加个虫字，称夹人虫为"蟹"，意思是巴解征服夹人虫，是天下第一食蟹人。

鲁迅先生曾称赞："第一个吃螃蟹的人是很值得佩服的，不是勇士谁敢去吃它呢？"螃蟹形状可怕，丑陋凶横，第一个吃螃蟹的人的确需要勇气。

我们常常会追随大众，但成功的人却永远属于少数，勇于尝试众人不敢尝试的事情才可能是成功之路。

科学家将四只猴子关在一个密闭的房间里，每天喂很少的食物，让猴子饿得吱吱叫。几天后，试验者在房间上面的小洞放上一串香蕉，一只饿得头昏眼花的大猴子一个箭步冲向前，可是它还没拿到香蕉时，就被预设机关所泼出的滚烫热水烫得全身是伤，当后面三只猴子依次爬上去拿香蕉时，一样被热水烫伤。于是众猴只好望"蕉"兴叹。

几天后，试验者换了一只新的猴子进入房间内，当新猴子肚子饿得也想尝试爬上去吃香蕉时，立刻被其他三只老猴子制止，并告知其有危险，千万不可尝试。试验者再换一只猴子进入房间内。当这只新猴子想吃香蕉时，有趣的事情发生了，这次不仅剩下的两只猴子制止它，连没被烫过的半新猴子也极力阻止它。

试验继续着，当所有猴子都换过之后，没有一只猴子曾经被烫过，上面的热水机关也取消了，香蕉唾手可得，可没有一只猴子敢前去享用。

我们的能力不是不好，我们的技术不是不高，只是我们的勇气不够，我们的心态不佳。不要从众，大胆去做，别怕犯错，不可太相信习惯和经验，才会有新的进步和突破。

智者顺时而谋，愚者逆时而动，其意正如一句俗语所言："识时务者为俊杰。"

古人所谓"时务"，即今人常说的"新形势"。"识时务者"自然是善于适应新形势的人。历史上众多枭雄、英杰与落伍者，各色新旧势力，各种利益集团，在历史的舞台上如走马灯般轮番上场。

有时，春风得意马蹄疾，颐指气使，好不风光；有时，城头变幻大王旗，惶惶然若丧家之犬，四散奔逃而去了。帝制的灭亡，共和的兴起，李鸿章的命运，孙文的坎坷，袁世凯的投机，这时事的变换、人世的沧桑似乎不只是命运之手的作用，是否也是规律使然呢？

从李鸿章、孙文、袁世凯三者的命运来看，一言以蔽之，他们就是"不识时务"。李鸿章不识时务，看不清清庭气数已尽，帝制的覆灭和共和的兴起是历史的必然；孙文不识时务，低估了中国千年封建帝制对民众精神的桎梏，低估了民主共和的难度；袁世凯不识时务，逆历史潮流所动，复辟帝制失信于天下人。

"识时务"，说来容易，实则困难重重。何为"时务"？如何辨别？李鸿章、孙文、袁世凯这些当世能臣、英杰、枭雄也免不了判断失误，跌进保守的陷阱、冒进的陷阱，或者是私欲的陷阱。"不识时务"、"跌进某某陷阱"之类的情形常常在现代社会的不同现象、不同领域、不同组织中重演，对于企业而言，在企业管理实务的众多方面，"不识时务"的现象更是层出不穷，只是我们不觉得罢了。

然而，"识时务"何其困难。放弃曾被证明是成功的做法，谈何容易。但是，过去的成功也会成为未来成功的陷阱。不识时务者终将被时务所抛弃。但"识时务"是一回事，如何"应时而变"，又是另一回事。孙文、宋教仁等辨明了民主共和的"时务"，却没能看清中国千年封建帝制对民众思想的禁锢，免不了屡试屡败，仍是不识时务。

组织中成功进行"应时而变"需要这样几个条件：领袖、人心、制度。首先，组织领袖必须是识时务者，对于时局有着深刻而透彻的洞察，对于流弊陷阱有着切肤之痛，有着变则生、不变则死的勇气和决心。其次，"时务"必须深入人心，成为组织共识，上下一心，共同改变。最后，"应时而变"需要有变的思路、变的策略、变的流程和制度，这样"应时而变"才不会陷入盲动和无序。

在戊戌变法的那年，识时务者，如康有为等，对光绪皇帝说"穷则变，变则通，通则久"，又说"晚变不如早变，小变不如大变"。慈禧不认同，认为"祖宗之法不可变"，杀了康有为等人。最终在辛丑年遭到惨败后，逼不得已重新实行"新政"，其实还是戊戌年康有为的那一套主张。然而，届时已时隔三秋，而大厦将倾，细微枝节的"小变"已是无济于事了。几年后的一场"大变"，武昌起义，袁世凯逼宫，皇后婉容和宣统小皇帝孤儿寡母只得退位了事。千年帝制惶惶然结束，民主共和风起云涌。只可惜清庭满朝文武，位高权重，竟无一识时务者，或者即使有，也没能做到有效的应时而变，挽救清庭百年基业。

正应了那句老话，"天下大势，浩浩汤汤，顺之者昌，逆之者亡"，识时务者为俊杰，而知道"应时而变"者更为难得。但愿各行各业的"识时务"者认清时务，"应时而变"、"顺时而谋"，跳出陷阱，再造辉煌。

# 喜事悲事都不要急于找人诉说

中国人的文化历来宣扬倡导内敛和含蓄，千百年来任何张扬显摆和公开标榜自我的行为在公众的视线中似乎都带有反面和灰色的意味。

张扬，就是把隐秘的或不必让众人知道的事情宣扬出去，随着时代的发展，这个词的解释渐渐起了变化，张扬解释成现代人的语言就是显摆、装腔作势。

其实张扬是人类劣根性中的

做人深沉点好，肤浅嘴碎是缺点，尤其勿轻易向人吐露你的失意事。

一种表现，自古有之，如有人把公款放在口袋里，在众人面前时常掏出来数一下，用肢体语言向世人表白，我有钱，你们就羡慕吧。用这种虚假的光环来乞讨别人一点点羡慕的眼光，其实很可怜也很可笑，然而这种虚假绝对不会有人去揭穿，因为这样做很无聊，大凡喜欢张扬的人都有歇斯底里发作的怪病，善良的人们都是惹他不得的，然而善良的人们总有他们自己开心的方法，偶然几个好友相聚，茶余饭后说得有声有色，引众人哈哈一乐，世界真美好。

张扬和显摆，一直被我们用来形容那些过于张扬、缺乏内敛之人。气球再大，里面也是空的，风筝再美，也不可能飞得比鹰更高，智慧的人生是不需要太过张扬和显摆的。

有个国王，长着一对驴耳朵。为了隐瞒这件事，他每次理发后都问理发师，理发时看到了什么，但凡说出真相的，立刻被杀。后来有个机警的理发师，国王理完发又不经意地问道："你刚才看到了什么？""陛下，我什么都没有看到。"他毕恭毕敬地回答道。

国王满意地赏了他一大笔银子，从此，他就成了国王的御用理发师。但是理发师知道这件事后很是烦恼，知道说出去会有杀头之祸，但是郁积在心里又太难受了。无奈之下，他就在地上挖了个坑，对着坑大声说："国王长着驴耳朵。"说完之后，他感觉轻松了很多。不久后，地上长出了一棵树，它的叶子吹出来的声音是："国王长着驴耳朵。"终于举国皆知，理发师最终没有逃脱掉被杀的命运。

每个人都会有失意事，事业上的不顺心、感情上的波折、家庭中的琐碎事。失意事本就是一种痛苦，很多人搁在心里找不到人倾吐更是痛苦。可是失意事不轻易吐露比较好，吐露失意事，不管是主动吐露或被动吐露，都有很多意想不到的负作用。

当别人春风得意、意气风发时，你向他抱怨你的失意，别人会认为你是个无能或权力不足的人，否则怎么会如此落魄？即使嘴上不说，但心里多少会这样想。你在倾诉的时候，免不了心里有缺口，情绪就会失控而一发不可收拾。你的失意情绪引来别人的安慰，即使你自身情绪有所缓和，但你却给人造成一种"唉，真可怜"的感觉。

就算以后你重新振作起来，别人也不会对你太看好。更有甚者，无休止的倾诉造成别人的反感，这才是最糟糕的一件事。你的失意事如果说得太多，或是经由听者的传播，让你的朋友都知道了，那么别人会为你贴上一个"失败者"的标签。当别人谈到你时，便会不由自主想到这些事。

在现实社会里，失败者只能自己创造机会，别人是吝于给你机会的。传言很可怕，小小的抱怨一下都会被传成大失败，都会对你的未来人生造成或大或小的阻碍。谁管你怎么失意，失意的实情又是如何呢？重要的是你已经成为大家茶余饭后的谈资和笑点。

正如祥林嫂，不停跟任何人诉说着失去阿毛时的那种自责和遗憾，最后几乎所有人在她的诉说中从同情走到躲避。

很多人还会凭自己的印象来给别人打分。自信、坚定的人，他所获得的印象分会比较高。但是，如果你处理不好自己对待失意事的态度，会让人产生 180 度的大转变。

失意时谈失意事，别人会认为你是弱者；得意时谈失意事，别人会认为你是勇者，并由衷地从心里涌出对你的"敬意"，而你由失意而得意的历程，他们甚至还会当成励志的教材，这又比一辈子平顺得意的人"神气"了。婚变对一个女人而言是一个致命的打击，但羽西化妆品的创始人靳羽西女士，却化悲痛为力量，将羽西化妆品发展成国际知名品牌。这样的人，即使她的身上出现了失意事，反而会让人更加钦佩她的勇气和智慧；反之，一个遭受婚变的女子，整天哭哭啼啼地四处诉苦，人们的态度也会由之前的同情变为不耐烦，甚至还会幸灾乐祸。为什么会这样？你的人生是由你自己负责的，自己站不起来谁也帮不了你，这就是人性！

"交浅而言深，既为君子所忌，亦为小人所薄。"总之，不论你碰到什么样的失意事，不靠倾诉，而靠自己的能力一点点站起来才是真正的生活强者。

## 能说不如会说，会说不如不说

北方民间有句老话：嘴上没把门的。说的就是那些不会说话的人，和不分场合乱说话的人。

一句话也许就短短几个字，足可以影响一个人的命运或生命。中国老话说"祸从口出"，这句话说得非常好，也许一句话就断送了你的朋友、事业、家人，甚至是生命。

话多不如话少，话少不如话好。

话多而不精之人，就是话痨之人，就如同苍蝇一样嗡嗡作响，怎会给人愉悦之心？人没有愉悦之心，又怎会对你有欢喜之意？人没有欢喜之意，又怎会爱戴你尊敬你呢？

话少而博大精深者，多为圣者、学者，话短少深邃，给人感悟深思，有意境，人们定会尊敬、膜拜、爱戴，因为可以让人得到心灵和灵魂的升华。

生活里把好话用在不该用的地方，就是废话甚至是坏话，会遭人鄙视、痛恨；把难听的话用在了适用的地方，也许就成了很动听的话，会帮人、救人、指点人。你的上司正如日中天，你来一句"恭喜，大吉大利，升官发财"，也许上司就会重视你、提拔你；如果上司刚被领导批评完，你说这一句，结果可想而知。

说话和个人的心、眼有很大的关联，因为你会看、能看明白，用心看了、理解了，你才会知道该说什么，不该说什么。如果没有心和眼看的能力，那就少说为妙。

要讲一句完全收到效果的话可不容易，有人以三寸不烂之舌挽救了国家，也有人因为讲错话而断送了生命。由此可见，说话有多么重要。请记住，话多不如话少，话少不如话好。

在 2008 年北京奥运会开幕前一个星期，韩国 SBS 电视台公开播放了北京奥运会开幕式彩排的一些细节，这段视频时长两分零九秒，其中开幕式画面约为一分钟。被曝光的内容涉及开幕式演出、入场仪式、主火炬点燃等种种细节。在播出开幕式彩排画面时，主播小姐还进行详细解说和点评。作为韩国三大电视台之一的 SBS 电视台，此番报道的影响力是不言而喻的。

这段视频一经播放，立刻引起了轩然大波。开幕式彩排尽管允许转播商携带器材进行测试，但奥运会惯例和转播商之间的默契从来都是不得提前泄露开幕式内容。SBS 电视台为了抓住众人的眼球，甚至为了表现它的"厉害"，竟然打破了这种默契。但是，看似是它胜利了，其实它是最大的输家，它所要面对的是来自大到国际奥委会、北京奥组委，小到韩国媒体同行、普通民众的谴责。在开幕式当天，奥组委取消了 SBS 电台的直播权。

这是北京奥运会的一个不和谐的音符，来自于 SBS 电视台的沉不住气，在不该"出手"的时候却"出手"了。正如做人做事，在事情还没有完全肯定或是还未成熟的时候，过早的公布只会使事情往不好的方面发展，甚至导致功亏一篑。

有两个竞争对手，A 公司和 B 公司，在一个大项目上争得你死我活，头破血流。A 公司实力略强于 B 公司，在产品报价上 A 公司略低于 B 公司，于是，合作方向 A 公司表达了他们的合作意向。A 公司的负责人趾高气昂起来，甚至在一次酒会中无意透露了自己的公司报价。B 公司负责人知道合作方有意选择 A 公司，就连夜开会，把自己的报价降到低于 A 公司。第二天给合作方送去了新的报价表。不久，合作方就公布了自己的合作对象为 B 公司。

由于 A 公司的负责人在成功唾手可得之时，过于张扬，最终与成功失之交臂。这就是因为在为人处世中不够低调，过早地暴露了自己的优势所在，反而让对手有机会反超。

在事情还没有完全定下来之前，过早的张扬只会给自己的成功带来危机。很多时候，导致我们功亏一篑的不是外界的力量，而是自己的不够谨慎。有多少商业机密的泄露，不是因为负责人不够低调，总以为非我莫属的时候，被对手将了一军？又有多少计划不正是在实施之前或是未实施完工的时候，大肆宣扬，导致众人期待过高，反而对其成果视若无睹或过于失望？

说得天花乱坠，只会导致期望过高或是泄露计划；而脚踏实地地做事，事前不张扬，即使你做得没有计划好，别人也会认为你尽了全力，而把全部精力放在欣赏你的成果上。

　　在没有获得成功之前最好不要大肆宣扬，保持一颗谦虚低调的心很重要，锋芒毕露往往事倍功半。正所谓伺机而动、厚积薄发，在关键时候崭露头角的人总是会让人记忆深刻的，而且只有耐得住时间考验的人才是真英雄！

## 阳谋心计可以玩

　　两军对垒，最怕的是什么？不是双方实力悬殊，因为在逆境中，人往往也会爆发出潜能，处于劣势的未必会输。怕的是一方在明，一方在暗。明的一方，即使实力强大，也会因为自己的优劣势完全暴露在对方的视线中而全部转为劣势，更可怕的是，心理上的压力往往会让自己先行崩溃；而暗的一方，即使只剩下一个人、一把枪，因为有黑暗的遮掩，在出击的时候就不会有后顾之忧而畏畏缩缩。

　　战争中如此，现实中也是这样。往往过快把自己暴露在明处的人，会成为众矢之的。反而在暗处低姿态做事的人，即使取得了再多再大的成果，也会让人心生佩服而不会嫉妒。

生活就是战斗，既然是战斗，不但要勇敢，而且还要善谋。

聪明的人，在做事的时候会隐藏自己的真正企图，在时机成熟的时候一蹴而就。

如果我们仅从人生格调的角度来理解低调做事，那无疑是局限了它的意义。低调不仅是一种使你能够尝试真实生活的人生格调，它同样是一种战术，也就是说，它是我们实现目标的一种手段。

正如我们在上文所说的那样，低调是需要一定的物质基础和精神基础的，也许在你取得事业的成功之前，"妄谈"低调只是一种讽刺。按照我们通行的说法，在现代社会，低调是不行的，它似乎和这个追求"张扬"的社会背道而驰。事实上，即使在"唱高调"十分流行的今天，成功者毕竟也是少数，既然如此，何不尝试一下低调的战略？

克罗克因家境不好没读完中学就出来做工，他在推销产品的过程中积累了大量有关经营管理方面的经验。通过市场调查，克罗克发现当时美国的餐饮业已远远不能满足变化了的时代要求，亟须改革，但是，对于一贫如洗的克罗克来说，自己开办餐馆根本就不可能。于是，克罗克找到麦克唐纳兄弟，请求他们留他在餐馆做工。他又主动提出在当店员期间兼做原来的推销工作，并把推销收入的5%让利给老板。

克罗克工作异常勤奋，他的出色建议为店里招徕了不少顾客，老板对他更是青睐有加。不知不觉，克罗克已在店里干了6个年头，他通过各种途径筹集到了一大笔贷款，最终以270万美元的现金，买下麦氏餐馆，由他独自经营。

店员居然炒了老板的鱿鱼，这在当时可以说是特大新闻，而快餐馆也借众人之口深入人心，大大提高了其在美国的知名度。克罗克入主快餐馆后，经营、管理更加出色，经过 20 多年的苦心经营，总资产已达 42 亿美元，成为国际十大知名餐馆之一。

克罗克低调地隐藏了自己的意图，仅以让利 5% 就轻易打入了麦氏快餐馆。随后通过长时间的潜移默化，换取了兄弟俩的信赖，使兄弟俩认为他处处替自己着想，感到双方利益一致，便自动消除了对他的猜忌，愉快地接受了他的多种建议。经过逐步渗透、架空，老板本已"名存实亡"，最后一场交易，他全部吃掉了麦克唐纳快餐馆。

看似在明处、实际在暗处的克罗克就是隐藏自己的目标，使对手对自己不加防备，最后在时机成熟的时候，一蹴而就，成就了自己的一番事业。

## 不要让别人看透你

中国台湾有一个经营印刷业的老板，在经营了多年之后萌发了退休的念头。他原来从美国购进了一批印刷机器，经过几年使用后，扣除磨损费应该还有 250 万美元的价值。他在心中打定主意，在出售这批机器的时候，一定不能以低于 250 万美元的价格出让。

有一个买主在谈判的时候，针对这台机器的各种问题滔滔不绝地讲了很多缺点和不足，这让印刷业的老板十分恼火。但是他在自己刚要发作的时候，突然想起自己 250 万美元的底价，于是又冷静了下来，一言不发，听着那个人继续滔滔不绝。结果到了最后，那人再没有说话的力气，突然蹦出一句："嘿，老兄，我看你这个机器我最多能够给你350万美元，再多的话我们可真是不要了。"于是，这个老板很幸运地比计划多赚了整整100万美元。

门多的屋子风大，嘴长的男女祸多。

语言可以修饰一个人的外表，开口说话必须很注意才行。古人所说的"病从口入，祸从口出"就是这个道理。身为一个现代人，每天都在不停地说话，一定要非常小心谨慎讲话才能避免闯祸。

饭能乱吃，话不能乱讲。说话之前要深思熟虑，考虑清楚，即使所说的话是真话，也要考虑对方的感受，考虑时间和地点，切不可因一时冲动而脱口而出。

娱乐圈就有很多艺人往往就在一念之间或因一时之语给自己带来灾难无数。杨丞琳在台湾做某档电视节目时，谈及南京大屠杀事件时，主持人问杨丞琳："此事件死了多少人？"杨丞琳答不知道。主持人告诉她有30万人时，她装作一副惊讶的表情："呀，才30万啊？"后来为此事件，杨丞琳专门到北京做了道歉，但未被接受，且有百万网友联合要求广电总局封杀杨丞琳。

莎朗斯通对汶川地震的不当言论引发了轩然大波，中国各界都掀起了"封杀莎朗斯通"的活动。特别是在互联网上，各大论坛、社区都贴满了封杀莎朗斯通的帖子。由于莎朗斯通代言迪奥品牌，迪奥中国在事件发生后，迅速做出了反应，立即撤销并停止任何与莎朗斯通有关的形象广告、市场宣传以及商业活动。在这次事件之后，莎朗斯通在中国确实"火"了，这把火可能使她永远失掉了10亿的观众群体，失掉了10亿观众所带来的巨大经济回报。

从说话所使用的词汇及内容，就可以了解这个人的性格。古人多主张少开口说话，多低头做事所以有"沉默是金"的谚语，这并不是要告诫大家不要说话，而是希望大家不要不加节制地发表意见。

所谓祸从口出，乃是指朋友之间一旦关系变得亲密就容易口不择言。每个人的情绪都是随时在变的，当心情不好时、身体不舒服时、有烦恼时、心中有所顾虑时的行为表现都与平时不同。因此，即使是对于亲密的朋友，也要正确地使用词汇及注意礼仪。

有些人表面看起来很博学的样子，即使对于自己一知半解的事，他也滔滔不绝地表达自己的意见。但实际上他是个"半吊子"，那些舌灿莲花的功夫只能唬唬那些刚见面的人，深入交往后就会对他感到厌烦。这是因为这样的人所提出的都只是自己主观的个人见识，并没有客观的事例及数据，谈来谈去都只有同样一些事。

还有些人喜欢辩白，辩白往往是因为不想为过去说过的话负责，朋友之间的交往最重要的是它不会成为过去，而是现在式或未来式。絮絮叨叨的辩白是由规避责任或拖泥带水、鲁莽、不加反省的性格所致。如果对方是个不肯坦诚面对过错，总是不肯以积极的态度面对问题的人，那就最好不要和他交往。

要注意的是对于年长者、身份地位高的人或同辈、同身份、没有利害关系的人，即使日后越来越亲密，最初使用的词汇，也不可有所改变，而粗鲁、低俗的词汇绝对不可使用。如果让对方觉得自己说话不诚恳，交往就很难细水长流。人是感性的动物，很容易因为环境或立场的改变而动摇，不要说让自己后悔的话，一失足成千古恨。

人在社会里是社会人，彼此间必然有交往、有接触。在这个过程中，只有管好自己的嘴，不乱说话，才能赢得别人的尊重。

# 第七章　成事需要一根筋

必须要为一根筋正名：

一根筋常被人当作贬义词用，常用来形容一个人执拗，不会变通，不懂人情世故，认死理，一条道走到黑。我却发现许多成就了一番事业的人即便表象属于灵活机变之人，但骨子里却都是一些典型的一根筋式的执拗人。

只要一个人认准的道是正道而非邪道，坚持的理是真理而非歪理，那么一根筋就不是什么坏事，只有益处没有害处，只能助人最终获得成功。倒是那些被人们称赞的灵活机变之人，因为太善于见风使舵，心性中也就缺少"坚持"二字，三天两头变，变来变去到最后两手空空。

要想成事，就需要发扬一根筋精神。

# 不执迷不足以成大事

　　她，早年失去父亲，与母亲相依为命。17岁，初中没上完就退了学在小吃摊给人洗碗。每天看着成群的孩子背着画板从她面前走过，她很羡慕。一天，在小摊上坐着的艺校校长说他的学校要一个清洁工，她便说想去试试。校长答应了。之后她便在艺校当起了清洁妹。等学生走了，她便捡起地上的废画纸，用橡皮擦干净，在寝室里偷偷学画。一画就是一年多。一个偶然的机会，校长在她的寝室里发现了很厚的一叠画稿，一问才知是她画的。校长觉得不错，就拿去让专业老师点评。答复是笔法大胆独特，但没有绘画专业训练。于是，她不要学校的工资，只要求学校让她干完活能听老师讲课。校方答应了。她一天8小时工作，5小时睡觉，11小时画画。2010年10月，她瞒着母亲参加了美术高考，竟通过了四川美院的专业考试，但因文化课只有初中水平，她没考上。但她下定决心，一定要补习高中课程，考更好的美院。她每天学习到深夜两三点，就这样，在2011年2月26日这一天，她终以556分的高分，被清华大学美术学院录取。这是成千上万美术考生的梦想，而且难度只能用"百里挑一"来形容。这清华之梦，竟让一个清洁妹变成了现实。她叫邓轩，22岁。

1950年美国举行过一次举国瞩目的棒球大赛。决赛是在纽约队和密耳瓦基队之间展开的。纽约队出战的投手是超级球星帕尔，而密尔瓦基队由主打击手杰克迎战，比赛已进入最后一场。

场上气氛极其紧张。纽约队的教练求胜之心急切，他跑到投手帕尔的投球场地旁边，一边摔着双拳以示鼓劲儿，一边喊着："千万别投场外高点球！要是马上被击回来那就完了！"帕尔高度兴奋的大脑立刻接受了"可不能投场外高点球"的想法，他努力使自己放松些，瞄着场内低角度，投出了球。

但是，已经晚了！"场外高点球"好像一个标语牌，印在帕尔的脑子里，使他身不由己地打出了场外高点球，让对手赢了一个十分漂亮的"全垒打"。

后来，实力雄厚的纽约队虽然最终夺魁，但是帕尔却对那险些前功尽弃的一球终生难忘，他对自己说："今后，我再也不干这种傻事了。一边把力气用上去，一边又想着'可不能那样'，反而让我的思想涣散了。"

思想如钻，必须集中在一点钻下去才有力量。

成功者都清楚，任何行动都是被当时的思想所左右的。他们的成功是依靠愿望去树立的动机。"人的精神世界只有一升的容量。成功者时刻留意的是，如何正确而出色地打出那种球。若说平常人之所以成为平常人，那是因为他们在只有一升的容器里，至少装入了一半的杂念。"这是一位叫尼格拉斯的优秀高尔夫球运动员所说的一段发人深省的话。

时刻把该做的事情装满大脑，而不给杂念以丝毫余地。当别人的精神还在混乱不堪的时候，成功者却一个劲儿地集中精力思索该如何做，并一步步地控制着自己迈向胜利的行动脚步。

一个人若被精神负担压倒，他就永远无法改变自己所处的境界。只有精神集中于一点，忘却周围的一切因素，才能带来行动上的变化。看起来杂念是由外部世界引起的，实际上并非如此，能使杂念在思想中滋生的只有你自己。

不论是运动员还是生产经营自己的事业，都是一个道理。过分专注于外界的事物，只会让你所努力的方向有所动摇；只有将思想的钻认准一点狠命地钻下去，你才会发现成功透出的光亮。

李昌钰和妻子刚到美国的时候，付完房租和机票，身上只剩下50美元。昂贵的留学费用让夫妻俩不得不外出打工。尽管生活很艰苦，李昌钰一直不放弃攻读博士学位。当时大部分人一学期最多攻读12个学分而他一报就是20个学分，注册人员说："没人可以一学期念完这么多学分。"李昌钰一番苦苦哀求后，这位职员勉强让他注册了。谁都没想到，李昌钰一个学期不仅念完了这么多学分，而且都是A。坚持自己的梦想，认定一点，就用心去做，使不可能的事情变成可能。

正如《把信送给加西亚》里的罗文中尉要把信送给远在千里之外的群山中不知所踪的将军。他的信念就是要把信交到将军手里，认定了目标，不论多大的困难都积极去——化解，有了这种思想还有什么是做不到的呢？

徐悲鸿也曾对自己的学生这样要求：用一年或几年，只研究一种东西的画法，真正搞透了再换另一种。一个画家一生画好一两样东西就很了不起了。人生的好多理念其实是相通的，集中精力，削繁去冗，才能成功。

钻为什么能够钻破厚厚的岩石，就是因为它认准了目标不动摇，无杂念，集中力量。做人要成功也是一样的道理，集中精力，不骄不躁，终能透过石缝看到成功的光芒。

## 近于痴狂就有希望

这个社会是一个等价交换的世界，想要得到什么，就要付出什么，尤其对于有价值的东西更加需要付出等同的代价，以做交换。

曾经听过这样一个故事，数百年前，一位聪明的老国王召集了所有聪明的大臣，交代了一项任务："我要你们编写一本《各时代的智慧录》，好流传给子孙。"

> 没有付出就没有收获，越是有价值的东西，就越要付出大代价。

这些聪明的人离开国王后，辛苦工作了很长一段时间，最后完成了一本十二卷的巨作。老国王看了后却说："各位先生，我确信这是各时代智慧的经典语录。然而它太厚了，我想人们不会花这么多时间去读它，请将它浓缩一下吧！"

这些聪明的人又经过长期的努力工作，几经删减之后，将十二卷书浓缩成一卷，然而老国王还是认为太长了，又命令他们继续浓缩。

后来，这些聪明的人把一本书浓缩为一章，然后浓缩为一页、浓缩为一段，最后则浓缩为一句。老国王看了这句话后感到很满意，说："各位先生，这真是各时代智慧的结晶，并且各地的人一旦知道这个真理，我们担心的大部分问题就可以解决了。"

这句千锤百炼的经典之句就是："天下没有免费的午餐。"毫无疑问，这绝对是一条至理名言。无论何事，没有付出就没有收获。

这句话真正出自政治学者杜兰笔下，而货币学派大师佛利民前往以色列接受希伯来大学名誉博士学位时，更是用这句简单得不能再简单的话向以色列国会财经委员会主席路年思概括其经济学精义，他说："世上没有免费午餐——这是我的经济理论的全部，其余只是枝节！"佛利民著作等身，见识博大精深，而竟用这几个如此浅俗的字概括他的学说，可见这句话含义之深。

其实，生活中的一切东西都拥有自己独特的价值，只是时间、地点、空间的不同造成了一些差别。虽然金钱看似为价值的直接体现，然而还有一些无法用金钱来衡量的价值，如幸福、成功。我们常常会因为追求幸福而承受痛苦，因为期望成功而接受艰辛。

东晋王羲之，坚持每天练字，以池水洗笔，日复一日，竟将池塘之水染成了像墨一般的黑色，被后人称作"墨池"，终于成为著名书法大家；明代王冕，少年之时立志要将荷花佳景惟妙惟肖地画出来，绘画不分昼夜，矢志不移，最后成为当时的著名画家。世事道理皆由此俗话一语道破——"种瓜得瓜，种豆得豆"。

成功需要建立强大的意志。我们必须渴望成功，把每一次交锋、每一笔生意、每一个计划、每一个构想、每一个愿望，都当成是目前最重要的目标，集中力量，向阻碍你的困难发出最猛烈的冲击，不达目的誓不罢休。

吉米是美国的一家人寿保险公司的保险员，他花掉自己的65美元买了一辆脚踏车到处去拉保险业务。但不幸的是，成绩始终是一片空白。可是，吉米丝毫没有气馁，晚上即使再疲倦，他也要一一写信给白天访问过的客户，感谢他们接受自己的访问，并力邀访问过的客户能够加入投保行列当中，他写的每一字每一句都诚恳感人，使人不忍拒绝。

可是，任凭他再怎样努力，再辛苦劳累，也没有产生什么效果。两个月很快便过去了，但吉米连一个顾客也没有拉到，他的上司也催他催得越来越紧……

劳累了一天的吉米回到家后，常常连饭也没有心情去吃，虽然他的妻子很温顺体贴，但一想到明天的业务，吉米就犯愁。

夜晚，他在日记中写道：从前，我以为只要一个人认真、努力地去工作，就能做好任何事情。但是这一次，我真的错了。因为事实显然不是这样的！我每天辛辛苦苦地到处跑，可结果呢？68天我却连一个客户也没有拉到。唉！看来我不合适干保险工作，不如换个地方找工作吧……

他的妻子劝他说："再坚持一下，坚持下去就有盼头。"于是，他听从了妻子的劝告，继续干了下去。

　　吉米曾想说服一位小学校长，让他的学生全部投保。然而校长对此却丝毫不感兴趣，一次次把吉米拒之门外。当他在第69天再一次跑到校长那里的时候，校长终于为他的诚心所感动，同意全校学生都买他的保险。

　　吉米终于成功了！不达目的誓不罢休、坚持不懈的精神，使他后来成了一名很有名气的保险推销员。

　　其实，成功的取得，实质上就是不断战胜失败的过程。因为任何一项大小事业要想取得成就，都会遇到困难，每人都难免要犯错误，遭受挫折和失败。著名科学家法拉第说："世人何尝知道，在那些科学研究工作者头脑里的思想和理论当中，有多少被他自己严格的批判、非难的考察而默默地隐蔽地扼杀了。就是最有成就的科学家，他们得以实现的建议、希望、愿望以及初步的结论，也达不到十分之一。"

　　错误和失败不因不快、悲叹、惊慌和恐惧而消逝，相反，怕犯错误，怕失败，却往往会犯更大的错误，遭遇更多的失败。所以，对待错误和失败应该有科学的认识和正确的态度。在迈向成功的道路上，能不能经受住错误和失败的严峻考验，这是一个非常关键的问题。所以坚持到底，成功必然会来临。

# 一辈子就做一件事

　　有一位非常走运又非常不走运的警官。非常走运的是他做了几十年的警务工作，由小警员升到警官，一直到将近退休，居然没有遇到过一次盗匪，没有开过一枪。非常不走运的是，就在他退休的前一天，经过一家银行，正看见有人抢劫，于是掏枪吓阻，不幸对方也有枪。他死在最后一天的任上，手中握着一辈子没有真正用过的枪，直到开枪时他才意识到枪里居然忘了装子弹。

这警官笨不笨？他难道不知道，作为一个值勤的警官，枪里总要有子弹？即使一辈子遇不见一次盗匪，他也应该随时清理枪械并到靶场练习，因为"携枪千日，用在一时"，平时总要为战时做准备。

感情需要专注，事业也需要专注，因为专注，所以专业。只有专注，才能精深。与其博，不如精。

如果你是他，你会不会像他那么笨？你一定会笑着说不会。但是如果你很喜欢诗词，那么你能即兴背一篇《岳阳楼记》或《桃花源记》吗？如果你已经学了好几年钢琴，也自以为弹得不错，有一天家里来了许多朋友，要你表演几首，你是不是能够立刻开一场小型演奏会呢？也许你会尴尬地说"对不起，没有准备"。如果真是这样，那只能证明你也是个枪里不装子弹的警察。

你知道20世纪最伟大的指挥家柏恩斯坦是怎么一夕成名的吗？那是1943年，在他担任乐团副指挥的时候，有一天演出之前，正指挥生病了，临时由他代为上场。25岁的他，一上台就尽情地发挥，整场演奏结束，台下的观众起立、鼓掌、尖叫。柏恩斯坦就这样"一鸣惊人"、"一炮而红"。他用那一个晚上的"机遇",开创了50年的"柏恩斯坦时代"。

当人们羡慕他的"机遇"时,有没有想过,他怎么临时接到命令,立刻能从容应付,而且表现得无懈可击呢?他怎么对当天演出的曲子那么了解、那么熟练呢?他怎么好像随时准备好,仿佛一个出勤的警员,枪里总装着子弹,随时准备击发呢?

唐代诗人陈子昂21岁到京师,一天,他遇见一个卖琴的人,开价百万,大家都买不起,陈子昂却运来现金,当场买下。四周的人感叹道:"想必您一定弹琴弹得非常好。"陈子昂说:"我确实善于此,请大家第二天来舍下欣赏。"

第二天,众人如约而至,陈子昂捧出百万之琴,对大家说:"我陈子昂有文章上百卷,大家不知道,居然对这区区弹琴的小技感兴趣。"说完把琴举起来,当场砸碎,并且把上百卷文章分送给大家。就这样,陈子昂"一日之内,名满都下"。

如果你觉得陈子昂太狡猾,家里必定十分富有的时候,你想过没有,如果换作你,有人为你出钱买琴,准你砸琴,你是不是又能在一天之间拿出上百卷的好文章给大家看呢?陈子昂和柏恩斯坦都是一样的,他们都是"肚子里有货"的人。有才华的人,往往不必给他们太多的机会,仅一次机会就可以了。

刘备三顾茅庐,请出孔明。孔明如果没有才华,刘备会请他吗?如果换作你,也躬耕于南阳,苟全性命于乱世,不求闻达于诸侯,平日对天下大事毫不关心、毫不思索,有一天刘备造访,能提出那许多"经国之宏论"吗?正是孔明在隐居的时候,也时时用功、处处用心，所以才能够"三年不鸣，一鸣惊人"。

每个人都希望自己能一夕成名、一鸣惊人，可是要知道"一鸣惊人"绝不是临时抱佛脚。能"一鸣惊人"的，必定在他"不鸣则已"的时候，不断养精蓄锐；能"动如脱兔"的，必定在他"静如处子"的时候细细观察；能"一夕成名"的，必定在那一夕之前，有着千百个夜晚，暗暗地演练。

你有没有随时准备好？抑或你是只有到考试时才努力学习，只有到演奏时才练熟曲子，只有到遇见盗匪才装填子弹？你会不会像那位警官一样，该开枪时却开不了枪？失败人人都有，但我们要以小失败来造就大成功，而不是以小成功来炫耀，导致不堪的大失败。成功的人，往往不是最聪明的人，而是懂得甘心低调做事的人。

与其博，不如精。完美靠的是质量而非数量。世界上的好东西时常小而难求，过多必无益。有的人赞扬一些书，只是因为这些书是庞然巨著，好像它们之所以被写出来不是为了锻炼我们的智力而是为了锻炼我们的臂力。只靠广博则难免成为平庸之辈，学业专攻必结硕果，若从事重要的事务，则必得美名。

众所周知，帕瓦罗蒂是世界著名的三大男高音歌唱家之一。但鲜为人知的是，在他年轻的时候，曾经面临过一个非常重大的抉择：要么在师范学院学习，成为一个受人尊敬的老师；要么走演艺道路，努力成为一名歌唱家。前一条道路好走但心非所愿，后一条道路前途未卜却充满诱惑。他左右摇摆，拿不定主意，于是便向父亲请教。

"孩子，你不可能同时坐在两把分开的椅子上，"父亲语重心长地对他说："你必须学会放弃另外一把。"

于是，帕瓦罗蒂终于因自己的兴趣和愿望而毅然选择了歌唱事业，经过多年的努力与打拼，他终于成功了，成为了被世界公认的杰出歌唱家。帕瓦罗蒂可以当之无愧地被称为天才歌唱家，但即便是这样的天才也无法兼顾多项事业。

"伶伦为笛"的典故中，黄帝南征北战，一匡天下；处理国事，使四海承平，自然是当之无愧的天下第一人。但于伶伦，高山吹笛，清流赋诗，九州无人能与之比肩。能吹笛若凤鸣的，便是极致。黄帝向伶伦低声请教，同样说明了术业专攻之理。

脚踩两只船容易掉进河中，多坐一把椅子容易摔在地上，因为谁也无法做到面面俱到，有时甚至无法兼顾两方面，要得到这一方面，就必须放弃另一方面。

多少世纪以来，总会有一些自认为天赋极高的通才，想在几乎所有的门类上都做出成绩，结果呢，往往是一无所成，还浪费掉了自己的天赋。所以，要想学业有成，必须专攻一门。片面追求数量，不追求质量是没有用的。杂而博，容易落入平庸；专而精，才能"奇货可居"。杂而博不如专而精，宁做一流的鞋匠也不要做二流的总统！

人的一生是短暂的、有限的，因此，人的一生一定有不知道的事物，知道的是有限的，不知道的是无限的，故博不如精，精不如专一，只有专一的人，才能有所成就。

# 有很多目标的人往往一事无成

古罗马哲学家小塞涅卡说："有些人活着没有任何目标，他们在世间行走，就像河中的一棵小草。他们不是在行走，而是随波逐流。"

不想当元帅的士兵，不仅永远当不上元帅，更无法成为一个好士兵。没有大目标的人就如井底之蛙一般没有远见，只会待在自己的一井之底。著名作家高尔基告诉人们："目标越远大，人的进步越大。"大目标会告诉人

目标多且杂，精力就分散，而人的时间精力是有限的，精力分散，战斗力就弱。

们能够得到什么东西。大目标会召唤人们采取积极的行动。当我们心中有了一幅大目标的宏图，我们就能从一个成就走向另一个成就，得到一个又一个快乐。

有时，伟大与平凡只是一线之隔。平凡就是你每天做很多平凡的事情，但是你说不清楚自己为什么要做这些事；而伟大是设定了一个伟大的目标，然后每天做很多平凡的事情，但是每件事情都和这个伟大的目标有关。有时看似做着相似的事情，结果却是天壤之别。

有这样一个寓言，唐太宗贞观年间，长安城西的一家磨坊里，有一匹马和一头驴子。它们是好朋友，马在外面拉东西，驴子在屋子里推磨。贞观三年，这匹马被玄奘大师选中，出发经西域前往印度取经。

17 年后，这匹马驮着佛经回到长安。它重到磨坊会见驴子朋友。老马谈起这次旅途的经历：浩瀚无边的沙漠，高入云霄的山岭，凌峰的冰雪，热海的波澜……那些神话般的境界，驴子听了极为惊异。驴子惊叹道："你有多么丰富的见闻啊！那么遥远的道路，我连想都不敢想。"

老马说："其实，我们跨过的距离是大体相等的，当我向西域前行的时候，你一步也没停止。不同的是，我同玄奘大师有一个遥远的目标，按照始终如一的方向前进，所以我们打开了一个广阔的世界。你却被蒙住了眼睛，一生就围着磨盘打转，所以永远也走不出这个狭隘的天地。"

马与驴子同样是在不停地奔走，却有着云泥之别。没有大目标的人，无论在生活中还是事业上，都容易随波逐流。那些人很可能满足于眼前的利益，然而，他的目光仅局限于伸手可及的小目标，这样只会使自己顾及眼前利益，鼠目寸光。只追求小目标的人必然会面对这样的悲剧：自己的所作所为只是在空耗自己的青春。

埃德蒙斯认为："伟大的目标构成伟大的心。"一个人之所以伟大，是因为他树立了一个伟大的目标。伟大的目标可以产生伟大的动力，伟大的动力导致伟大的行动，伟大的行动必然会成就伟大的事业。小目标，小成功，大目标，大成功，这个成功规律永远不会改变。

只有拥有一个远大的目标，才能够高瞻远瞩，取得大的成功。

周恩来在沈阳读书的时候，只是个十二三岁的少年。他学习非常勤奋、刻苦，常常和老师同学一起讨论自己在阅读书报时思考的问题。当时他们讨论得最多的是怎样救国和宣传救亡的问题。

有一天，东关模范高等学堂的魏校长把同学们召集起来，问大家："读书为了什么？"

有的同学说："为了给自己将来找条出路。"

有的同学说："为了能发财致富。"

还有个同学说："为了帮助父母记账。"原来他的父亲是个商人。

魏校长问周恩来："你呢，为什么读书？"

周恩来站起来，大声地说："为中华之崛起而读书。"也就是为了中华民族的强大兴盛，像巨人一样挺立在世界而读书学习。

胸怀大目标的人，想别人之不敢想，做别人之不敢做，既不会为眼前的小成功所陶醉，也不会被暂时的挫折所吓倒。他们心中十分清楚，在实现目标的过程中，肯定会遇到一些艰难险阻。

所有的困难假如轻而易举就能排除，只会向人们表明自己的目标定得太低。所有的困难一开始就被排除得一干二净，也会使人们丧失尝试有意义的事情的兴趣。脚踏实地地处理前进道路上的障碍，终有一天，会到达目的地。明确的大目标，必会为你指引一条踏上成功的非凡之路。

# 一根筋 PK 万金油

"否定式的忠告"，这无疑是一种人生哲学的"排除法"。如果人在一生中能够知道不要去做什么，不能去做什么，不应该去做什么，那么就称得上是大智者、大哲人了。

阿拉伯首富瓦利德王子成功的关键就是："把所有可能浪费时间的风险，通通买下来，因此找到顶尖的老师是成功最重要的关键。"所谓顶尖的老师，知道该做什么，有什么挑战和陷阱，更重要的是，他知道什么事情不该做。

做了应该做的事情，结果是令人心安的，但是做了不应该做的事情，却是令人心慌的。无论何事，相比较而言，前者的结果都会好过后者。正因为困难，才显得更加重要。但做了不应该做的事情的人常常并不知道那是不应该做的事情，往往事情做过之后，看到后果才发觉那是不该做的事情。

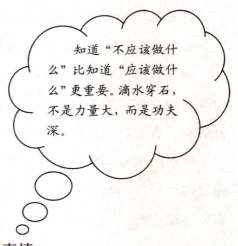

知道"不应该做什么"比知道"应该做什么"更重要。滴水穿石，不是力量大，而是功夫深。

清代乾隆皇帝的宠臣和珅在当时结党营私，招权纳贿，恶贯满盈，侵吞国家巨额财产。根据史料记载：和珅拥有当铺多达75家，田地 80 万亩，金银财宝、珍珠玉器、绫罗绸缎更是不计其数。在和珅为官的 20 年期间，平均每年贪污受贿的白银竟然高达 4000 万两，相当于当时国库一年的收入。他的全部家产总共有 8 亿两白银之多，令人瞠目结舌。在乾隆皇帝死后的第五天，嘉庆皇帝便降下圣旨，逮捕和珅，并抄没了他的全部家产，还令其自缢。

和珅入狱后，百感交集。论官，他由侍卫升为户部侍郎兼军机大臣，累官至文华殿大学士；论钱，他窃取了富可敌国的财富。本想利用自己的职权为其子孙打好基础，令其万代可以安享荣华富贵，谁知事与愿违，到底落了个身败名裂、家破人亡的下场。

他在牢狱中写下了《悔诗》："今夕是何夕，元宵又一春，可怜此月夜，分外照愁人。对景伤前事，怀才误此身。余生料无几，空负九重恩。"和珅在牢狱中天天以泪洗面，后悔莫及，叩求"万岁爷"开恩，免他一死。但悔恨的泪水和哀求洗不掉他的罪过，50岁的和珅，最终只能以自杀了结余生，并且永远被钉在历史的耻辱柱上。

众人都说，早知今日，何必当初。可当初，他如何知道会有如此下场，认为自己在一人之下万人之上，此事可为，殊不知改朝换代之后的不可为。

应该做的是责任，不应该做的是底线，超越了责任意味着更好，但超越了底线却意味着犯规甚至可能是犯罪，所以知道"不应该做什么"比知道"应该做什么"更重要。

滴水穿石的含义是：目标专一而不三心二意，持之以恒而不半途而废，就一定能够实现我们美好的理想。

下面是一份奇怪的计划，这是一个 14 岁的孩子制定的跑步计划：第一个月：跑完从家属楼到学校的 1000 米；第二个月：增加 50 米，即 1050 米；第三个月：再增加 50 米，即 1100 米；第四个月：跑完家属楼到医院的 1200 米，计划一直排下去，每月都有所增加，到了第二年开始增加到 5000 米。

这的确是一个很不起眼的计划，不仅奇怪而且让人觉得可笑，每月增加那么几十米，太简单的事情，甚至有人嘲笑：这一定是一个懒惰的孩子为敷衍父母或老师而制定的一份长跑妥协书。6 年后，这个小男孩站在了领奖台上，他获得了全国残疾人运动会长跑冠军。

这时，人们才知道，原来他是个有先天性残疾（仅一条腿）并伴有癫痫病的孩子。人们感动了，纷纷请教他成功的秘诀，他只说了这么一句很平常的话："每次跑步时，我都对自己说：让我跑完这段路。"

"让我跑完这段路"，意味着什么？意味着一种意志力，一种毅力。正是这种顽强的意志力，使他持之以恒地坚持了下去，这期间克服了多少困难，流了多少汗水。但这一点一滴的积累、毫不松懈的积累是会得到回报的，他终于获得了"滴水穿石"的效果。

著名的生物学家童第周，在学生时代就把"滴水穿石"的精神贯注到他的求学中去。他决心要考取当时很有名气的宁波效实中学，他一丝不苟地进行备考，一家人也全都动员起来支持他。童第周终于考上了效实中学，可是他的成绩是全班倒数第一。

一天深夜，教数学的陈老师办完事情回到学校，发现在昏黄的路灯下有个瘦小的身影在晃动，陈老师想："深更半夜的，谁还不回寝室就寝呢？"陈老师带着疑问走过去一看，原来是童第周正在借着路灯光演算习题。"这么晚了你怎么还不回寝室休息呢？""陈老师，我要抓紧时间把功课赶上去，我不要倒数第一名。"

陈老师望着童第周瘦小的身躯，关心地劝童第周回去休息，可是走出不远，童第周又站在路灯下捧着书本读了起来。陈老师被深深地感动了，他理解童第周的志气，为自己有这样的学生感到自豪。期末考试到了，童第周又成了全校关注的对象。他终于靠自己刻苦的努力，使各科成绩都达到了70分，其中几何得了满分，引起了全校的轰动。

童第周回忆自己童年的时候感慨地说："在效实的两个'第一'对我一生有很大影响。那件事使我知道自己并不比别人笨，别人能做到的，我经过努力也一定能做到。世上没有天才，天才是用劳动换来的。"

## 笃定的心锚

罗曼·罗兰曾说过，人生最可怕的敌人就是没有坚强的信念。可什么是信念？信念是根脊梁，可以支撑着一个不倒的灵魂；信念又如一盏明灯，能够照亮一颗期盼的心灵，甚至人生的殿堂；信念更似一个路标，指引着一个前进的方向，指引着人生的道路。

美国纽约的第 53 任州长罗杰·罗尔斯是纽约历史上第一位黑人州长。他出生在纽约声名狼藉的大沙头贫民窟。那里环境肮脏，充满暴力，是偷渡者和流浪汉的聚集地。在那

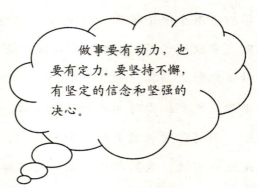

做事要有动力，也要有定力。要坚持不懈，有坚定的信念和坚强的决心。

里出生的孩子，从小耳濡目染逃学、打架、偷窃甚至吸毒，长大后很少有人能获得较为体面的职业。然而，罗杰·罗尔斯是个例外，他不仅考入了大学，而且成了州长。

在就职的记者招待会上，到会的记者提了一个共同的问题："是什么把你推向州长宝座的？"面对 300 多名记者，罗尔斯对自己的奋斗史只字未提，他仅说了一个非常陌生的名字——皮尔·保罗。后来人们才知道，皮尔·保罗是他小学的一位校长。

1961 年，皮尔·保罗被聘为诺比塔小学的董事兼校长，当时正值美国嬉皮士流行的时代。他走进大沙头诺比塔小学的时候，发现这里的穷孩子比"迷惘第一代"还要无所事事，他们不与老师合作，旷课、斗殴，甚至砸烂教室的黑板。皮尔·保罗想了很多办法来引导他们，可是没有一个是有效的。后来他发现这些孩子都很迷信，于是在他上课的时候就多了一项内容——给学生看手相。凡经他看过手相的学生，没有一个不是州长、议员或富翁的。

当罗尔斯从窗台上跳下，伸着小手走向讲台时，皮尔·保罗说："我一看你修长的小拇指就知道，将来你是纽约州的州长。"当时，罗尔斯大吃一惊，因为长这么大，只有他姐姐让他振奋过一

次，说他可以成为5吨重小船的船长。这一次，皮尔·保罗先生竟说他可以成为纽约州的州长，着实出乎他的意料。他记下了这句话，并且相信了它。

从那天起，纽约州州长就像一面旗帜。他的衣服不再沾满泥土，他说话时也不再夹杂污言秽语，他开始挺直腰杆走路，不久，他成了班长。在以后的四十多年间，他没有一天不按州长的身份要求自己。51岁那年，他真的成了州长。

在他的就职演说中，有这么一句话。他说，信念值多少钱？信念是不值钱的，它有时甚至是一个善意的欺骗，然而你一旦坚持下去，它就会迅速升值。

人生需要信念，坚定的信念。人生的道路固然难以一帆风顺，固然布满荆棘、充满坎坷。但只要有坚定的信念，就总会看到希望、看到曙光。即使前路有再多的艰难困苦，即使前方的风浪再大，也会执着追求，无怨无悔。人生的价值并不在于成功后的荣光，而在于追求的本身，在于信念的树立与坚持的过程。

这是一个古老的传说：从前，有位盲人琴师。他漂泊四海，以弹唱为生。几十年过去了，他技艺超绝，闻名遐迩。有一天，他突然弹断了第一百根琴弦。老琴师欣喜若狂，把琴一扔，飞步走向药店。因为几十年前，在他师父临终的时候，曾传给他一张纸条和一百根琴弦，并叮嘱他："这是一张药单，当你弹断第一百根琴弦的时候，照单抓药，用后你的眼睛能够治好，在此之前，不可以对任何人讲。"当琴师走进药店，从怀里掏出那张揣了多半生的药单，双手颤抖地交给店主时，店主却对他说：上面一个字也没有。此时，支撑了他近一生的精神大厦轰然坍塌，他绝望了。从此，他郁郁寡欢，不久便无疾而终。

临死前，他终于明白了师父的用心。于是，又把那张纸条传给了不久前收下的一位盲童弟子，并留下了当初师父对他说过的话。

两代琴师传给他们弟子的不仅是一张只字皆无、自欺欺人的纸片，他们要传递的是一个生存下去的理由，一种坚定的信念。

如果说人生是那参天的大树，信念就是那挺立的树干。树干一倒，大树则倾；信念一失，人生则危。

人总是要有一点精神的。只有精神不倒，你才会有丰富多彩的人生；人应该有所追求，有了追求，你的人生才会可歌可泣；人更应该有坚定的信念，只有信念不变，你才会直面人生，勇往直前！

## 随波逐流的是浮萍

一天，父子俩赶着一头驴进城，子在前，父在后，半路上有人笑他们："真笨，有驴子不骑！"父亲觉得有理，便叫儿子骑上驴，自己跟着走。走了不久，又有人说："真是不孝的儿子，竟然让自己的父亲走路！"父亲赶紧让儿子下来，自己骑上驴背。走了一会，又有人说："真是狠心的父亲，自己骑驴让孩子走路，不怕把孩子累死。"父亲赶紧让孩子也骑上驴背，这下子总该没人有意见了吧！谁知又有人说："两个人骑在驴背上，不怕把那瘦驴压死？"父子俩赶快下来，把驴子四只脚绑起来，一前一后用棍子抬着。经过一座桥时驴子因为不舒服，挣扎了一下，结果掉到河里淹死了！

很多人做人做事就像上述故事中所讲的父子，人家叫他怎么做，他就怎么做。谁反对，就听谁的。结果呢？大家都有意见，都不满意。在人生的路上，做人做事要想面面俱到，不得罪任何人，又想讨好

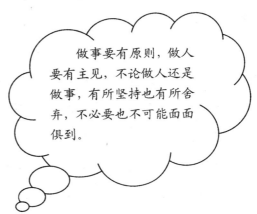

做事要有原则，做人要有主见，不论做人还是做事，有所坚持也有所舍弃，不必要也不可能面面俱到。

每一个人、每一件事，那是绝对不可能的。

在做人方面，你不可能估计到所有人的面子和利益，你认为顾及了，别人却不那么认为，甚至根本就不领情；在做事方面你也不可能顾及每一个人的立场，每个人的主观感受和需要都不同，你要让每一件事情每个人都满意，事实上就会有人不满意。

杰克原来是一家公司的普通职员，后被提升为主管，他在工作上全身心投入，几乎到了鞠躬尽瘁的地步。部门经理交给杰克的任务，他从来都不打马虎眼，即使布置的额外工作，他也毫无怨言地接受并按时、按质、按量完成。

一些同事找他办事，不管是不是分内的职责，他总是碍于情面不忍拒绝，想方设法去办。后来几位下属见杰克做人总是想面面俱到，不愿得罪人，就纷纷寻找借口减少自己的工作量。杰克早已忙得分身乏术，焦头烂额，但他还是不好意思说"不"，强打精神地同意了下属的要求。结果原本明明不该是杰克的工作，好多就落在

了他的头上，所干的事大大超过了能力负荷，把他累得半死，几乎到了崩溃的边缘。不到半年，公司就把杰克撤职了，因为他根本无法胜任领导的工作。

很多人做人做事就像上述故事中的杰克，处处都想顾及每一个人的面子和利益，面面俱到的结果是把自己推到了累得半死的境地。总是怕每个人都不满意，小心翼翼，察言观色，揣摩他人的心事，这多辛苦啊！能不神经衰弱吗？别人摸透了你的弱点，便会软土深掘，得寸进尺地索求，于是你就变成人人看不起、给人好处别人还不求感谢的天下超级大笨瓜！

那怎么才能让大家尽量满意呢？做你应该做的，但求问心无愧就好。也就是说，你认为对的，你就要毫不动摇地去做，参考别人意见时要看意见的本身，而不是看别人的脸色。这么做有时确实会让一些人不高兴，但如果你不动摇，就可赢得这些人事后的尊敬，毕竟人还是服从公理的，除非你的坚持是为了私心。

这么做，会有人称赞你，也会有人骂你，但如果你想面面俱到，恐怕结果是每个人都笑你。

人这一辈子，会遭遇无数的人、无数的事情，你不可能做到让每个人都满意，毕竟连万能的上帝都会被人骂。所以，你只要对一个人负责就好，那个人就是你自己，问心无愧就是面面俱到。

# 第八章　越挫越勇越坚持

马云说，男人的胸怀是委屈撑大的。其实，女人的胸怀也是委屈撑大的。人生的挫折有很多种，委屈是一个人所遇到的挫折的类型之一。无论男人还是女人，稀缺的是一帆风顺，从来不缺少各式各样的挫折。同样是挫折，有的人因挫折而败，有的人在经历了挫折之后变得比以前更加坚强了。

## 失败越多离成功越近

没有尝试过失败的人距离成功实在是太远了，唯有失败过才明白什么是错误的决定。这个世界上知道自己能做什么的人很多，知道自己不能做什么的人很少。因此失败可以让自己更加明确方向，懂得德行的重要性，从真正意义上理解"厚德载物"不只是拿来摆在办公室的字画。

成功是集天时、地利、人和于一身，与你自身的因素在这一个点上交汇的刹那间迸出的火花而已。不过，成功并非不可期待、可遇不可求，我们可以朝这个方向努力，提高成功发生的概率。恰恰相反，失败却是最好的老师。

做任何事都会有失败。成功需要时间，失败也需要时间，但是成功所需要的时间比失败所需要的时间短——成功比失败省事。

害怕失败的人永远不会成功，因为失败是成功的垫脚石，任何成功都是失败累积起来的。

每个人对失败一定要有正确的认识。失败是不可避免的，但问题不在于失败，而是对失败的态度。多数人经历的都是短暂的成功和长久的失败。

有些人把失败看成是自己无能的象征，把失败记录看成是自己能力低下的证明。失败并不可怕，可怕的是你不知道如何应对失败，这才是真正的失败。如果害怕失败而不敢有所作为，那就是在一开始便放弃了任何成功的可能。

一位著名的击剑运动员在一次比赛中输给了一个与自己水平不分上下的对手。第二次相遇，由于上次失利阴影的影响，这名运动员又输掉了，尽管他并非技不如人。

第三次比赛前，这名运动员做了充分的准备，还特意录制了一盘磁带，反复强调自己有实力战胜对手，每天他都要将这盘磁带听上几遍。后来心理障碍消除了，他在第三次比赛时轻松击败了对手。

每个人都和运动员一样，面临的结局不是成功就是失败，但这并没有什么了不起，成功的道路是由无数个失败组成的。面对失败，保持信心，坚持不懈地努力下去，这样失败就会成为你最好的老师，成为你取得成功的动力。

很多人心中都笼罩着一片阴影——自卑意识。他们往往是以"不能"的观念来看待事物。对困难，他们总是推说"不可能"、"办不到"。正是这种狭隘的观念，把他们囿于失败的牢笼。有些人在走到成功的大门前时，踌躇不前，害怕进去受到成功的冷遇。常言道"差之丝毫，谬之千里"，人微妙的心理差异，造成了成功与失败的巨大差异。

自卑意识构成了走向成功的最大障碍。自卑意识使每个人逃避困难和挫折，不能发挥出自己的能力。松下幸之助说"自卑感是成功的大敌，是阻碍成功的绊脚石"。如果怀有自卑感，归根到底，是不会有成功的希望的。

生活中的每一件小事都会给我们相应的启示或经验，问题在于你是否认真地去思考和总结。要自强创新，百折不挠追求成功。人生要有成就、有意义，就要不断学习、不断创新。要做到"只为成功找方法，不为失败找理由"。失败是最好的老师，艰难困苦，玉汝于成。

有时候，一个简单的道理，却足以给人意味深长的生活启示，有心人会抓住生活中重要的细节，积累经验，总结教训，所谓"前车之鉴，后车之师"。其实，跌倒并不可怕，可怕的是每次都在同一个地方跌倒。

通往成功之路是一条漫长而痛苦的蜕变之路，奋斗是你唯一的伙伴，失败是你最好的老师！百忍成钢，当心境修炼得有如镜子般明彻时；当你切切实实生活在不以物喜、不以己悲的宁静中时；当你发觉胸中不断流动着"虽千万人而吾往矣"般的勇气时，历经千锤百炼，你就练成了。

## 感觉顶不住的时候更要坚持

在我们成功的道路上，难免会遇到一些绊脚石，有的是稳稳当当地躺在路中央，有的则是在阴暗的角落默默地等待着让你摔上一大跤。这些石头有些可以轻易地绕过去，有些却一直堵在面前，无法绕跃，有些只让你磕破脚趾，有些甚至使你摔倒，有些则可以让你摔断筋骨，以致伤痕累累。

绊脚石是人们深恶痛绝的东西，可是偏偏还要碰到，生活就是如此，人生也是这般。那么，该如何面对它呢？唯一的方法就是想方设法把绊脚石变成前进的垫脚石。

> 黎明前最黑暗，感觉快要顶不住时，常常离成功很近了，坚持向前再走一小步，就会柳暗花明。

有一位青年画家，在没有成名之前，住在狭隘的小屋中，靠画人像为生。有一天，一个富人经过，很欣赏他细致的画工，便要他帮忙画一幅人像，双方约定的酬劳是 10000 元。经过一个星期的雕琢，人像完成了。

富人依约来拿画，心中顿起歹念："他还没有成名，我的画像别人又不会出钱买，我又何必花那么多钱去买呢？"于是他赖账只肯出 3000 元，年轻画家据理力争，希望富人遵守约定。狡猾的富人依旧坚持己见，最后还用施舍的语气说道："就 3000 元，卖不卖？"画家坚定地答道："不卖，我宁可不卖这幅画，也不要受这个屈辱。但是，你总有一天要为自己的失信而付出 20 倍的代价。""笑话，20 倍？！你当我是傻子吗？""好的，那我们等着瞧好了。"青年画家对悻悻然离去的富人说道。

经过这件事情的刺激后，年轻人离开了伤心地，重新拜师，日夜苦练。

皇天不负有心人，十几年后他终于闯出了一片天地，成为一名知名的画家。那个富人也早已忘掉了那位青年画家的话。直到有一天，富人的朋友不约而同地来对他说："有一件很奇怪的事情，我们参观了一位知名画家的画展。其中有一幅标价 20 万元的画竟然是你的画像，而画的名字竟然是'贼'。"富人仿佛被人当头一棒，想起了十几年前的事情，他连夜赶到画家那里向他道歉，并以 20 万元买下了那幅画。

青年人终于露出了期盼已久的笑容，这个画家就是毕加索。

老子说过：祸兮福之所倚，福兮祸之所伏。福来时，过多的狂喜会酿出悲剧。祸来时，过多的抱怨会让祸害得逞而酿成更大的悲剧。悲观看福，就是要锻炼一种面对危机的冷静思考和警觉。乐观看祸，就是要锻炼一种变绊脚石为铺路石的生存智慧。所以说，福祸之间其实是可以转换而非一成不变的，人的努力可以在一定程度上挽回先天的不幸或缺憾，关键在于你能否把绊脚石变成你成功路上的垫脚石。

有位政治家在变动的政权中落北，被关在监狱做了政治犯。心灰意冷、百无聊赖的时候，他就开始发豆芽，一大把的豆子，泡在杯子里，却没有想到，居然越被压在下面的豆子，长得越肥。所见所思，他终于看开，不再悲观度日，决心学做最底层的豆芽。终于有一天，他的簇拥者打开牢门的时候，看到了心目中依然伟岸的英雄，含泪欢呼着。政治家又重新登上了自己的人生舞台。

孟子有云：天将降大任于斯人也，必先苦其心志，劳其筋骨，饿其体肤，空乏其身，行拂乱其所为……这也是对人生困境的一个真实写照。只有经历住上天考验的人，才能够看到风雨过后的晴空彩虹，而经不住打击离去的人，只会在人生的一个个逆境中轮回。

为什么很多遭遇人生困境的人，往往能够超越自己，创造出比顺境更多更好的成果呢？人都是有惰性的，要是徜徉在人生宽阔的大路上，谁会搬起石头砸自己的脚呢？因此，闲适的环境只会让你满足于现状而不思进取。当你被人生的绊脚石所困，潜力就会激发出来，做出意想不到的事情，人只有在压力中才会产生前进动力。

也就是说，在"山重水复疑无路"的困境中，就会逼出一个"柳暗花明又一村"。仲尼厄而作《春秋》；屈原放逐，乃赋《离骚》；左丘失明，厥有《国语》；孙子膑脚，《兵法》修列；不韦迁蜀，世传《吕览》；韩非囚秦，《说难》、《孤愤》；《诗》三百篇，大抵圣贤发愤之所作也；如果不是曹雪芹家道中落，看透人间冷暖，也就不会有《石头记》的出现。

　　只要你不拒绝雪山的高险，洁白的雪莲会因你开放；只要你不拒绝一棵小草，希望的田野会因你而葱茏；只要你不拒绝路途的遥远，美丽的地平线会在前方等你；只要你不拒绝"绊脚石"，它就会变成你前进路上的"垫脚石"。

　　绊脚石是让人恐惧的，但是更让人恐惧的是你放大了绊脚石在你心中的体积。在困境的时候，我们要做的是如何变不利为前进的动力，而不是把自己放在一个更为恐惧的空间里。

## 感谢挫折和失败

　　人生总是有潮起潮落，不能总是期盼一帆风顺，我们要坚信，风越大，浪花开得越美，经历过一番拼搏的人生才更加绚丽！长江永远奔流前进着，它知道最美的风光总在前头；礁石永远迎着风浪站立；追求光明的人，并不埋怨黑夜的存在。

　　在人生漫长的征途中，是难免要碰很多钉子、受很多挫折的。挫折是同行者，也是挑战者。有了挫折，才能得到磨练，从而变得越来越坚强，不断地向挫折挑战才能享受到真正的快乐，生命

风越大，浪花开得越美。

才有意义。就像在大海中，有了暗礁，才能溅起美丽的浪花。因此，我们要以越挫越勇的精神去面对，才能磨炼出一个永不屈服、自强不息的勇者。

也许有时在挫折面前自己会觉得支撑不下去，但你要懂得这才刚刚开始，以后的路要比这更艰难，现在这点痛算什么？每个人都有自己的立场，每个人的成长道路都不同，在孤独中成长，在风雨中成长，在阳光中成长……但不管经历怎样，感觉如何，一直促使我们长大、走向成熟的是挫折。

挫折不是一个甜美的字眼，而是有着岩石般冷峻的面孔。挫折犹如双刃剑，既可以伤其志，也可以砥砺人。面对挫折，只要我们有坚定的信念和坚韧不拔的毅力，就能向着自己的目标前进，实现生命的价值，享受成功的喜悦。

挫折又像一块石头，对于弱者来说是一块绊脚石，对于强者来说却是一块垫脚石，它能把你垫得更高。强者不是生来就有的，他也来源于弱者，所以弱者也不是绝对的。天下谁不走弯路？谁人没遇到过挫折？

不管怎样，只要你敢于面对困难，拿出力量和勇气全力以赴，相信困难一定会被你甩掉，会使你创造出全新的自我，从而更加成熟；相反，如果你逃避挫折，畏惧挫折，你将失去尝试的机会，不敢冒着尝试的风险，就永远不会成为强者。

成长，需要碰钉子、需要挫折，这是被无数事实证明的真理。

有这样一位伟人，他的一生经历了无数次挫折：22岁时，他竞选县议员失败；23岁时，恋人死去；24岁时，精神几乎崩溃；

26 岁时，竞选州议员又失败；30 岁时，竞选国会议员还是失败……正是这无数次的挫折磨炼了他的意志，才使他冲破人生征途中一个又一个难关，在事业上取得了辉煌的成就。他就是美国总统林肯。因此，成长需要挫折，挫折是我们人生中难得的一笔财富。

是的，挫折可以磨炼人的意志，正所谓"艰难困苦，玉汝于成"是也。只有直面挫折，勇敢地把前进道路上的绊脚石变成垫脚石，不达目的誓不罢休，才能"柳暗花明又一村"，享受真正的人生。

## 没有谁不试错

偶尔到朋友办公室玩，发现在他的案头上所有的办公用品，包括曲别针、红蓝铅笔、胶水等都是双份以上。见我好奇，朋友微微一笑，说起了一盒订书钉的故事。他是名牌大学的毕业生，以优异的成绩考入一家省级机关。当时他胸中豪情万丈，一心只想鹏程万里。不料上班以后才发现，每日无非干些琐碎的事务，既不需要太多的智慧，也看不出什么成果，热情便不知不觉冷却下来。

一次系统开大会，处里彻夜准备文件，分配给他的工作是装订和封套。处长叮嘱："一定要做好准备，别到时措手不及。"

越碰钉子越有心眼。

　　他听了心里更是不快，心想：初中生也会的事，还用得着这样嘱咐？于是根本没理会。同事忙忙碌碌，他也懒得帮忙，只在旁边看报纸。

　　文件终于完成，交到他手里。他开始一份份装订，没想到只订了十几份，订书机"咔"地发出空响，订书钉用完了。他漫不经心地抽开订书钉的纸盒，脑海里嗡的一声：里面是空的。

　　所有人都发动起来，到处翻箱倒柜，不知怎的，平时仿佛满坑满谷的小东西，此刻竟连一根都找不到。

　　此时已是深夜11点半，而文件必须在第二天早上8点大会召开之前发到代表手中。处长咆哮："不是叫你做好准备的吗？连这点小事也做不好，大学生有个屁用啊！"他只能俯首，无言以对，脸上却像挨了一巴掌似的滚烫刺痛。

　　几经周折，凌晨4点时，终于在一家通宵商务中心找到了订书钉。事后，他灰头灰脑地等着训斥，平时被他认为严厉而不近人情的处长却只说了一句话："记住，工作面前，人人平等。"他说那是一生受用不尽的一句话，让他深深地领悟到：以十分的准备迎接三分的工作并非浪费，而以三分的精神态度面临十分的工作，却注定会带来不可逆转的恶果。

　　"因为，"他郑重地说："令千里马失足的往往不是崇山峻岭，而是柔软青草结成的环。在通往成功的路途中，真正的障碍，有时只是一点点疏忽与轻视，比如，那一盒小小的订书钉。"

# 知道了此路不通就是收获

爱迪生发明灯泡失败了 8000 多次，有人讥讽他："你失败了 8000 多次，真了不起！"爱迪生回答："假如我不失败，那么怎么能证明 7600 多种材料不适合做灯丝呢？"不要说数千次，许多人恐怕在失败了几次以后就认输服气了，从此偃旗息鼓。面对数以千万次的失败，爱迪生没有服气，始终相信最终一定能成功，正是因为他的这种"不服气精神"，爱迪生才成为近代科学发展史上一位举世瞩目的奇人。

成功的因素有很多，如良好的心理素质、能力、环境条件等；不成功的原因也有很多，有些是不以人的意志为转移的，但也有许多事是个人原因所导致的。在追求成功的过程中，有些

跌倒了，一定要爬起来。人不怕栽跟头，只要不在同一个地方栽跟头就行。

事可以事前预知，而也有许多事只能在实践中不断摸索。经验可以借鉴别人的，但绝大多数经验则要靠自己慢慢积累。常言道，失败是成功之母，失败虽然是挫折，但在失败之后即可知道这条路是走不通的，需要改道，这样也就逐渐被引导到正道上去了。

19 世纪美国西部淘金热的队伍中有一个叫李维斯的青年人。

一日，一条大河拦住了他和许多人西去的路，李维斯利用"摆渡"竟然挣到了人生的第一桶金。来到西部，开始淘金时，他又被恶霸欺侮，看到无法专心淘金，他又想到了成功的另一面——卖水。由于生意红火，他又被人抢去了生意，不得不无奈地接受了现实。于是，他坐在一旁默默观察，他注意到来淘金的人衣服都特别容易磨破，而此地到处又是废弃的旧帐篷，于是又兴高采烈地把那些废弃帐篷收集起来，洗干净，制成了世界上第一条牛仔裤。从此，他一发不可收拾，终于成为了举世闻名的"牛仔大王"。如果李维斯遇到困难只会一味抗争而不知道变通，那也许他就不会成为生活的赢家。

不论是执着到底，还是走"迂回路线"，成功都向世人证明了：跌倒并不可怕，只要能够坚强地爬起来。人生百年，不如意事十之八九，世上的事不可能处处遂人心愿，除了要笑对人生，更要百折不挠地一次次寻找新起点。如果只是趴在那里，又如何能看到命运女神放在树上的成功苹果呢？

塞翁失马，焉知非福。好事当中有坏事，坏事当中有好事，失败过后只要不放弃，必定会有意想不到的奇迹在不远处等着你。

成功的人大都一样，而不成功则各有各的原因。不论谁，在追求成功的过程中都会遇到无数的艰难挫折，无人能够例外，区别仅在于有的人在失败面前一蹶不振，退缩了、妥协了；而有的人则痛定思痛，总结经验教训，吃一堑，长一智，经过战胜一个又一个的挫折，逐渐走向未来。不论什么事情，只要能够保持积极的心态，坚持不懈，就一定会苦尽甘来。

# 别人都退却了你便是胜利者

想要成就一番事业，绝不可能一蹴而就，其中必然需要经历许许多多的艰难和困苦、挫折与失败，但绝不可有灰心之态。每一种艰难困苦都是增益你伟大的资粮；每一次挫折失败都是促进你成功的阶程。无论何事，不必惧怕挫折与失败，有挫折才能衬出伟大，有失败方能获得成功。你只需要保持不屈不挠的态度，跌倒也能无所畏惧地重新站起，继续奋斗，不死不休，最后的胜利必然归你所属。

人有两个悲剧：一是万念俱灰，二是踌躇满志。灰心是动摇的开端，动摇是失败的近邻。

"灰心是动摇的开端，动摇是失败的近邻。"所以决定平凡的条件在于自认平凡，决定失败的条件在于自认失败。如果已经确定了目标，就要充满信心地向着目标奋斗，绝不可半途而废，"掘井九仞而不及泉，犹废井也"，必须坚持到底方能成功。

众所周知，电灯泡是伟大发明家爱迪生的发明，但他创造的过程鲜为人知。电灯泡的试验经历了数千次的反复，当被人问道："你失败了999次，也不会灰心动摇吗？"爱迪生却答道："我并没有失败，我只不过发现了 999 种不能做灯丝的材料，为什么要灰心呢?"爱迪生面对挫折的坚持、面对失败的无惧令他获得成功。

富兰克林也曾经说过："成功永远属于那些不屈不挠、百折不回的人。"在莱特兄弟之前，多少发明家期望实现翱翔天空的梦想，可就在他们已经将要制造出飞机之时，因惧怕挫折而放弃研究，只有莱特兄弟执着地坚持。他们采用相同的原理，应用相同的材料，发明了襟翼，从此人类可以像鸟儿一样飞向天空。失败是每个人生活中的一部分，而成功者的不同之处在于他们知道该如何面对失败。在失败之后，能从中解脱出来，加倍努力并且回到正确的轨道上，便可能实现最初设定的目标。

法国著名小说家小仲马，是文坛大师大仲马之子。他年轻时，艰辛创作，写了数不胜数的文章，努力换取而来的却只是一封封退稿书。但他从来不自暴自弃，更未想过透露自己的特殊身份，直至《茶花女》问世，轰动整个欧洲文坛，一鸣惊人。居里夫人坚持信念，片刻不离充满呛人浓烟的实验室，终于从八百吨水、四百吨化学药品以及一百吨铀沥青矿中提炼出一克氯化雷。成功的人不会为低潮而叹息，因为他们知道那不过是高潮的前奏。

英国前首相丘吉尔说过："成功就是怀着积极的心态，从一个失败走向另一个失败的能力。"如果人生最难对付的两件事是成功与失败，如果你愿意听从丘吉尔的建议，你的失败将会很小、很短暂，而你的成功却会很大、很长久。

人生就像一盘永远下不完的棋，每前进一步都必须仔细思量，而自卑、自负、自尊、自强便像人生路上的一个个转折点，演奏着人生的乐章。

对于人生，人们总企望着一帆风顺，但大千世界里既有风和日丽、鸟语花香，也会有磕磕绊绊、荆棘野兽。碰到前者是幸运的，遭遇后者则是种磨难。于是，在人生的舞台上有踌躇满志者，也不乏万念俱灰者。

王尔德说过："人的一生有两种悲剧，一种是得不到自己想要的东西，另一种是得到。"往往因为得不到变得踌躇满志、跃跃欲试，或因为得到了觉得无所追求而万念俱灰。

"万念俱灰"和"踌躇满志"是两种截然相反的心境，但过分悲观和过分乐观都不是对待人生的正确态度，无法正确认识自我的价值，因而是悲哀的。之所以说它们是"人生的两种悲剧"，是因为人们往往由开始的"踌躇满志"转为后来的"万念俱灰"，终其一生也无所作为，无法真切地感受和领悟生命的真谛。

这两者表面上看来是内容相反的东西，但实质上可以归结于相同的一点——都是对人生的一无所得。

让我们翻开历史的书卷，让历史重现：项羽因踌躇满志，不可一世，三次放还刘邦，导致自己垓下惨败，却又不肯"留得青山在"而放弃了自己年轻的生命，走向了万念俱灰的极端。关羽镇守荆州，过分轻视"江东鼠辈"，不仅瞧不起吕蒙、陆逊等人，还笑孙仲谋见识短，刚愎自用；而他在大兵出征之时，掉以轻心，不仅失掉荆州，也恰恰是让这些他看不上眼的人取了他的性命。拿破仑过于自负而兵败滑铁卢，最终被流放于圣赫勒拿岛，郁郁不得志。

历史证明了具有踌躇满志、不可一世态度的人总是有着共同的思想根源，即不能正确、客观地估量和评价自己，而万念俱灰者则把一切都看成是世界末日，臣服于逆境，深陷沼泽不肯自拔。

曾有这样一幅画：两只形状、大小相等的动物，分别走到凸凹的哈哈镜前，凸镜前的动物看到自己变大了，便得意洋洋；凹镜前的动物见自己如此渺小，便垂头丧气，这不正是踌躇满志者与万念俱灰者的真实写照吗？

踌躇满志与万念俱灰均是人的畸形心态。这种不正确的心态，阻碍着今后的成功，甚至会造成人生的悲剧。

培根曾说过："人人都可以成为自己命运的建筑师。"这句话应该这样理解：当我们面对前进路上的荆棘，不要畏缩，因为通往云端的路只会亲吻攀登者的足迹；当我们面对人生路上的挫折，不要灰心，因为试飞的雏鹰也许会摔下一百次，但肯定会在第一百零一次试飞时冲上蓝天。

做一个自强者吧，无论在任何困难面前都不要屈服，正确地认识、估量自身的价值；做一个自强者吧，自信而不自负，能用他人的长处不断充实自己；做一个自强者吧，始终以顽强的斗志生活着、奋斗着。

避免人生的悲剧，就要让自己自强而不自大、自信而不自满、自尊而又自爱、自悔而不自卑。

# 看准了就不要放弃

认准人生奋斗的目标，积极进取，也许会遇到这样那样的挫折，同样也会遇到这样那样的议论。但丁有句话说得好："走自己的路，让别人去说吧。"坚定地走自己选定的路，相信自己每走一步，就是向接近成功的目标迈进一步。不要让一些流言蜚语左右了自己前进的方向，如果是那样，必将一事无成。

德国作家米切尔·恩德是被德国文学评论界公认为"在冷冰冰的、没有灵魂的世界里，为孩子也为成人找回失去的幻想与梦境"的伟大童话作家。他笔下的"犟龟"就是一个认准目标坚持到底的可爱卡通形象。

不忘初心，方得始终。不论遇到什么困难逆境，都不要怀疑和动摇你当初的选择。

早晨，犟龟坐在洞前吃着树叶，听到鸽子的对话：狮王二十八世将举行有史以来最热闹的婚礼，它邀请所有动物参加。狮子洞路途遥远，必须马上动身。说完，两只鸽子就飞走了。

犟龟听了心想：为什么我不去参加这有史以来最热闹的婚礼呢？最后，犟龟拿定主意上路了。它一步一步向前爬去，虽然很慢，却一直没有停下。

路上，它遇到了蜘蛛。得知乌龟此行的目的后，蜘蛛哈哈大笑：婚礼两周后就要开始了，慢得出奇的乌龟哪能赶得上？犟龟满怀信心地说："我会准时赶到那里的，我的决定是不可改变的。"

犟龟越过了种种障碍，在池塘边看到了一只迷迷糊糊的蜗牛。蜗牛告诉犟龟："你走的方向完全反了。"

"非常感谢你给我指路。"尽管后天就要举行婚礼了，只要一步一步坚持走，就一定会到的。

犟龟走啊走，遇到狮王的高级官员壁虎，它通知犟龟："由于狮王二十八世不得不和老虎开战，婚礼暂时取消了，你可以回去了。"

"我的决定是不可改变的。"犟龟说完继续向前爬去。

当它穿过一片岩石荒漠时，遇见了一群闷闷不乐的乌鸦。得知犟龟的目的后，它们说它是可怜虫、无知者。乌鸦们穿着丧服，因为狮王在与老虎的拼杀中身负重伤，不幸去世了。

犟龟非常难过。乌鸦们劝它回去或是留下哀悼狮王。谁知犟龟客气地回答："我不能这样，我的决定是不可改变的。"

就这样，犟龟越过种种障碍，日夜不停地赶路。终于，它来到了狮子洞，洞口聚集了许多动物，它们都兴高采烈，充满了期待的喜悦。

"请问，这里是在庆祝狮王二十八世的婚礼吗？"犟龟不解地问。

"不，今天，我们在这里庆祝的是狮王二十九世的婚礼！"

这天，犟龟看到了从未有过的、最美丽、最盛大的庆典。它坐在客人中间，虽然有些疲劳，但感到非常幸福。它说："我一直说，我会准时赶到的！"

认准的路就一定要坚持走下去，也许有时会有曲折，但是坚持下去，总会是光明的前景。

# 第九章　舍弃软弱的自我

人，一半是肉体，一半是心灵。看得见的是肉体，看不见的是心灵。肉体是心灵的载体，心灵是肉体的支撑。有的人身体看似羸弱而内在心理却十分强大；有的人看起来长得五大三粗身强力壮，内心却十分脆弱。

身体外形是父母给的，是由基因决定的，无法随个人的主观愿望而改变。但人的心灵则是后天形成的，完全可以靠个人的后天努力来自我修炼和自我完善。所以说，让自己的内心变得强大起来是每一个人都可以做到的事情。

一个人的成功不能说与身体外形毫无关系，但事实上能否成功更要看心理是不是足够强大。人生三万天，天天都会遇到各种各样的事情，有好事也有烦心事，应对烦心事一方面需要有健康的身体做保障，另一方面更需要坚强的心灵做后盾。尤其是应对挫折和失败，必须要有很好的耐受性。

身体累了，休息一下就能恢复，心累了，要想恢复则难得多、复杂得多。内心软弱更容易感到心累，心累之后更难恢复。心灵强大的人，不常有心累的感觉，即便心真的有点疲累，也能够靠自身强大的修复能力很快走出消极状态。

# 心里为什么常打群架

心里为什么常打群架？这是许多人迷惑的问题。我们只有一个心脏，但是我们的心里却有很多思想，这些思想统一时，我们是坚定的、深信不疑的，当面对同一件事情，却出现了不同的想法时，这些想法就会"打群架"，力图得到一个统一，尤其是面对抉择或者遇到突发事件时，内心的斗争会更加激烈。

通常情况下，这个时候会出现以下两种情形：

一种是静心思考，力图抽丝剥茧找出方法。这种人内心是强大的、充满正能量的，能够从容面对一切问题，坚持"兵来将挡水来土掩"，即使暂时迷失也会很快调整过来。内心斗争后很快形成一个共识，并化为实际行动。

另一种是深受打击一蹶不振。这种人多数不敢面对失败或者痛苦的抉择，很容易陷入一种长期的内心斗争而不能做出决定。当然，没有正确的思想作为指导，也就没有随之而来的行动力。

内心的强大可以反败为胜，扭转乾坤。

一个研究生，有着高学历、高收入，娶了一个如花美眷，人人美慕。后来工作单位转制，他下岗了。本来就窝着一肚子火，再加上工作高不成低不就，导致他心理极度不平衡，不能接受突然间的变故和天壤之别的工作待遇，竟然染上了酗酒的坏毛病。因为无处发泄内心的不平衡，他在酒后开始打老婆孩子出气，从此陷入自怨自艾中。好好一个家庭竟然因为一个工作的变化而陷入如此不堪的境地。

其实他本身有着很好的条件，从头再来也并不困难，只是他内心的虚荣心和挫折感打败了重新开始的勇气，最终导致了自身的堕落。

还有一个截然相反的例子，故事叫作摔不碎的钢玻璃杯。

一个农民，初中只读了两年，家里就没钱继续供他上学了。他辍学回家，帮父亲耕种三亩薄田。在他 19 岁时，父亲去世了，家庭的重担全部压在了他的肩上。他要照顾身体不好的母亲，还有一位瘫痪在床的祖母。

那个年代，农田承包到户。他把一块水洼挖成池塘，想养鱼。但乡里的干部告诉他，水田不能养鱼，只能种庄稼，他只好又把水塘填平。这件事成了一个笑话，在别人眼里，他是一个想发财但又非常愚蠢的人。

听说养鸡能赚钱，他向亲戚借了 500 元钱，养起了鸡。但是一场洪水后，鸡得了鸡瘟，几天内全部死光了。500 元对别人来说可能不算什么，对一个只靠三亩薄田生活的家庭而言，可谓天文数字。他的母亲受不了这个刺激，竟然忧郁而死。

他后来酿过酒、捕过鱼，甚至还在石矿的悬崖上帮人打过炮眼……可都没有赚到钱。

35 岁的时候，他还没有娶到媳妇，即使是离异有孩子的女人也看不上他。因为他只有一间土屋，随时有可能在一场大雨后倒塌。娶不上老婆的男人，在农村是没有人看得起的。

但他还想搏一搏，就四处借钱买了一辆拖拉机。不料，上路不到半个月，这辆拖拉机就载着他冲入一条河里。他断了一条腿，成了瘸子；而那拖拉机，被人捞起来时，已经支离破碎，他只能拆开它，当作废铁卖。

几乎所有的人都说他这辈子完了。

但是后来他却成了一家公司的老总，手中有两亿元的资产。现在，许多人都知道他苦难的过去和富有传奇色彩的创业经历。许多媒体采访过他，许多报告文学描述过他。但我只记得这样一个情节：

记者问他："在苦难的日子里，你凭什么一次又一次毫不退缩？"

他坐在宽大豪华的老板台后面，喝完了手里的一杯水。然后，他把玻璃杯子握在手里，反问记者："如果我松手，这只杯子会怎样？"

记者说："摔在地上，碎了。"

"那我们试试看。"他说。

他手一松，杯子掉到地上发出清脆的撞击声，但并没有破碎，而是完好无损。他说："即使有 10 个人在场，他们都会认为这只杯子必碎无疑。但是，这只杯子不是普通的玻璃杯，而是用玻璃钢制作的。"

这是一个非常好的例子，它告知我们内心的强大可以反败为胜，扭转乾坤。每个人都有人生低谷，就看你的内心如何斗争，又如何走出泥淖，迎向阳光。

## 一个我战胜另一个我

这个世界有三个称谓：你、我、他，只有"我"是可以掌控和把握的，做自己的主人就是要有自我，不要迷失了自我，要对自己有信心，走自己的路。

人生在世，不如意之事十之八九，无论身处何种处境，都能战胜自我，才能绝处逢生。一个人拥有什么样的人生，完全取决于他自己。想象一下，当你 65 岁的时候，你会在哪里？过的又是怎么样的一种生活？

克服焦虑和沮丧，先学会做自己的主人。

一份调查显示，目前，有 80% 的 65 岁以上的人，靠政府和社会救济生活。而只有 5% 的 65 岁以上的人，无须再为生计奔波，能够安享晚年。这项研究是由美国银行家联盟组织开展的。40 年前，他们挑选了 100 名 25 岁以上的身体状况良好的年轻人，对他们进行跟踪式调查，一直到他们 65 岁。25 岁恰恰是许多年轻人生命中的黄金年龄，正好是他们开创自己新天地的最佳时期。对那 100 名被挑选出来的年轻人来说，也是如此。

他们拥有相同的机会去争取成功，而唯一的不同就在于他们如何使用他们的智慧，但他们当中 95％ 的人仅是将交给他们的任务完成而已。

他们从不主动找事情做，只有别人吩咐了才去做，即便做了，也只是敷衍了事，自己从不用心思考，寻找新的解决办法，只是循着前人的老方法，亦步亦趋，毫无创意。他们对自己的能力毫无自信，也没有创新精神，缺乏成就事业的雄心壮志和万丈豪情，以及藐视一切障碍的大无畏精神。

或者更确切地说，他们胸无壮志，安于现状，自甘平庸，自然也就不在乎具不具备这些成功者的素质了，最后只能得到凄凉的晚景。

要记住：我才是生命的主人。我们的命运只掌握在自己手中。只有自己才有权有能力规划自己的人生，决定人生该走的道路。成功要靠自己创造，幸福要靠自己争取，环境要靠自己改变。如果你对生活哪些方面不满意，是毫不犹豫地改变，还是只会怨天尤人呢？答案当然是要做自己命运的主人，除非你甘愿平凡！

虽然我们都是凡人，注定要为凡俗之事所困扰，但是苏东坡告诉我们，人要尽量学着"超然物外"。也就是说，一个人唯有能够摆脱外物的奴役，充分主宰自己，方可永保心灵的恬静和快乐。也就是说，要尽量做到不为外界情境所影响，甚至能够改变外界情境的影响。

当然，这绝对不是一种容易做到的修持与涵养。不过说穿了，它即是"内求"的功夫——一切反求诸己的人生哲学。凡事不假外求，尽量"内省"与"内寻"。关于这点，首先要学会的，即是"做自己的主人"。人的一生总是无常的，没有谁会一帆风顺一直到老，也没有谁会一直倒霉下去，很多成功的人是一路荆棘走来的，而很多尝尽苦头的人最终也会苦尽甘来。

人的一生也许真的会遇到很多意想不到的事，但只要你不放弃自己，一直为自己加油，你就可以做自己幸福的主人。倘若一直羡慕别人，而不关注自己、改进自己，那么只能困苦一生。

人的内心有许多种情绪，有积极向上的，也有消极悲观的。要学会培养积极乐观的情绪，打败消极悲观的情绪，才能战胜自我，获得新生。当你坚信你能够征服之时，就能够义无反顾地坚持下去，这种坚持就是你的恒心。所以，只有你充满信心的时候，才可能拥有一颗恒心，才能心想事成。

有这样一个小故事：两只小青蛙不小心掉进一户人家的奶桶里。一只青蛙想："完了，全完了！这么高的牛奶桶，我永远也跳不出去了。"于是，这只青蛙很快就沉入桶底。另一只青蛙看见同伴沉没了，并没有沮丧、放弃，而是不断地告诫自己："上帝给了我坚强的意志和发达的肌肉，我一定能够跳出去。"这只青蛙一次又一次奋起、跳跃，不知过了多久，它突然发现脚下的牛奶变得坚实起来了，原来，它反复践踏和跳动，已经把液状的牛奶变成了一块奶酪！因此，这只青蛙轻松地从奶桶里跳了出来。后一只小青蛙对自己能够跳出奶桶充满了信心，所以它才有恒心坚持下去。当信心与恒心结合之后，便会产生百折不挠的巨大能量。于是，它获得了成功。

信心只是你成功的一种动力，自信是不断达成目标的一个过程。每次达成目标的结果都会令我们更加坚持，令恒心持久。如此一来，自厌、悲观等不良情绪也就一扫而空，失去立足之地。

一个小男孩练习登山，但不会登高，他害怕无法下来。但有一天，他很顺利地就登上了山顶，却发现自己无法从山上下去，急得大哭。暮色降临，他伏在岩石上，恐惧疲乏使他全身麻木，不敢动弹。这时，他听到了父亲的声音："快下来，我的孩子。""我不下去！"他哭着说："我会摔死的！""你能下来。你能看见石架下面的那块岩石吗？""能。"他说。父亲接着说："现在你把左脚踏在岩石上，不要担心下一步。"这似乎能办得到。他小心翼翼地伸出左脚去探那块岩石，而且踩到它了。"很好，"父亲说道："现在你移动右脚。"这小男孩又照着做了，他顿时有了信心。"我能做到。"他心里坚定地想着。他每次移动一小步，终于爬下高山。

我们的信心与恒心是成功最有力的武器，所以我们要相信自己，因为有了信心，才能在任何困难面前决不后退，经受住困难的考验。当我们克服了困难，经受住了考验，才能拥有坚持下去的恒心。

# 坦然接受拼搏之后的失败

人不经磨难与失败，是不能奢谈成功的。你要舍得让自己失败，它是你为成功必须付出的学费。努力了不一定成功，但不努力一定不会成功，既要努力，也要坦然接受努力之后的结果，为下一次的拼搏鼓足勇气和干劲。

乔治·巴顿是美国最优秀的坦克防护装甲专家，他负责研究目前世界上最坚固的坦克，于是他找来最优秀的破坏力专家迈克·舒马茨，两人各带一个小组，巴顿负责

不以成败论英雄，因为失败也给我们很多的启示。

研制防护装甲，舒马茨则负责摧毁巴顿研制出来的装甲。

巴顿一次次地失败，一次次地更换材料，修改设计方案，终于打败了舒马茨，造出了世界上最坚固的坦克。此坦克可以抵抗时速超过4500公里、单位破坏力超过13500公斤的打击力。巴顿事后说："尽可能地找出问题，是为了更好地解决问题。事实上，问题不是最可怕的，最可怕的是不知问题出在哪儿，于是我找了舒马茨做搭档，因为舒马茨是最棒的'找问题专家'。"有了自讨苦吃的精神，则天下事无不可为。

被人们称为"炸药大王"的诺贝尔为了研究炸药，曾经被炸伤过好几次，付出了沉重的代价，也没有成功。但他没有气馁，一次次重复着各种实验，终于发明了炸药。他为世界做出了巨大的贡献。正是从一次次的失败中走出来，他才获得了成功。

我们常说，失败乃成功之母。一个人的成长历程如果一直顺风顺水，从未经历过失败痛苦的磨砺，那么前方等待他的必然是最大的失败。

历史上的伟大人物无一不是从无数次的失败中走向成功的，如司马迁、陈景润、爱迪生、居里夫人等。这样的例子俯拾皆是，不胜枚举。

在人生的道路上，失败是每个人都必须经历的生命过程，是我们最宝贵的精神财富之一。别林斯基说不幸是一所最好的大学，培根更认为奇迹多在厄运中出现。

世界著名科学家、大西洋海底第一条电缆的设计者威廉·汤姆逊教授（凯尔文勋爵）说："有两个字最能代表我50岁前在科学进步上的奋斗，这就是'失败'。"有人专门研究过国外293个著名文艺家的传记，发现有127人在生活中遭遇过重大的挫折。

失败乃人生常事，只要我们不泄气，执着追求，最后的胜利一定是属于我们的。法国的丹东说："要想战胜敌人，我们必须勇敢，勇敢，再勇敢。"惧怕失败的人，又怎能奢望成功？曾国藩说："臣屡战屡败，屡败屡战。"表示出一股不服输的劲头，这就是我们中国人不畏惧失败、勇于胜利的品质。因此，失败乃成功之母，失败是为成功交的学费。

就如同上面的例子所说，尽可能地找出问题，是为了更好地解决问题，当努力了之后没有达成好的结果，不要忙着灰心丧气，要从失败中分析问题，找出失败的原因，总结经验教训，为下一次的努力提供指明灯。不以成败论英雄，因为失败也给了我们很多的启示。

当你开店失败的时候，不要忙着气馁，要去检讨自己什么地方没有做好。是菜色不够丰富？是卫生清扫不到位？是人员管理没做好？还是缺少新产品的开发？甚至可能是无意中的一个细节没有做好而流失了顾客？抽丝剥茧，认真检讨和分析，找出对策和改进措施，还有可能再次赢得顾客的好感。

工作没做好，想想是同事关系没有搞好，还是没有很好地配合好上级领导？是不够细致认真，还是功夫没用到位？任何一个成功都不是偶然，都是不断改进的结果。

## 不要输在起跑线上

在科学技术迅速发展的今天，很多人对自己的认识和了解仍然像幼儿园里的孩子，不会去开发自己身上的个性特长，也不知道自己的人格缺陷在哪里。由此产生的种种人间悲剧也就屡见不鲜。不管是历史写照，还是文学作品，悲剧人物都可以从个性失衡、失去自我中寻找到缘由。

　　如果没有镜子，不去河边，人类可能永远不会知道自己的模样。同样，人不去自观自己、内视自己，不去认认真真坐下来想一想，也难以了解自己那变幻莫测的思维、情绪和自我表现。

原来世界上最可怕的不是敌人，而是自己。

　　一个人连自己都无法真正了解自己，那又期待谁来了解我们呢？自己无法真正了解自己，就不知道自己的潜力有多大，不知道自己的底线在哪里，不知不觉中，就输在了起跑线上。

　　当你在失败和挫折中，自己看不上自己，自己和自己赌气，摔东西、骂人、捶打脑袋、无休止地长吁短叹时，你有没有想过，这并没有解脱你的失败，减轻挫折。

　　你有没有想过：是谁在阻挠你取得成功呢？

　　这个人正是你自己。原来世界上最可怕的不是敌人，而是自己，你脆弱的心是你最可怕的敌人。在你的生活中，有一个人需要你的支持、鼓励和理解，有一个人是你最可信赖的人，这个人是谁呢？还是你自己。这个自己，无论别人如何看待，都要保持自我，不迷失、不自怨自艾。认真审视自己、认识自我，让自己站在与竞争对手同样的平台甚至更高的平台上，才有脱颖而出的可能，否则，输在起跑线上再去奋勇直追，结果就不可预估了。

　　获得高起点，就要相信自己是最好的，善于肯定自我、发现自我的优点和闪光点。如果为自己长得不好看而发愁，那你只会越来越丑；总是怀疑自己学习能不能搞上去，你只能忍受失败的煎熬。

和美女去比，你的五官永远是有缺陷的，每个人都以自己独立的个体而存在，你要以自己的方式去歌唱。

当一只天鹅掠过长空，那洁白的羽毛、端庄的体态令人们赞叹不已。可是，在丹麦童话作家安徒生的笔下，这只美丽的天鹅，原先却是一只"丑小鸭"。当它刚刚破壳而出的时候，生得很瘦小，那些自以为是的鸭子根本瞧不起它。它默默地、日复一日地坚持训练自己，最后终于在一个早晨振翼飞向蓝天。

从古至今功名显赫的名人激起多少人的羡慕、钦佩，当这些人站在人们面前时，使人感到他们浑身上下都散发着一种人格魅力，可他们并非都是丰功伟绩的幸运儿。翻开他们每个人的经历，几乎都有过"丑小鸭"的坎坷经历。他们善于把自己的缺陷当作人格完善大厦的铺垫，从而铸就了不屈奋斗的个性。

美国参议员艾摩·汤姆斯16岁时，长得很高，但很瘦弱，别的小男孩都喊他"瘦竹竿"，他每一天、每一小时都在为自己那高瘦虚弱的身材发愁。后来的一次演讲比赛，使他发生了大的转机。在母亲的鼓励下，他下了很大功夫进行演讲准备，他把讲稿全部背出来，然后对着牛羊和树木练了不下100遍，终于得了第一名。

至此，我们可以悟出这样一个哲理："认识自我"是人类智慧的表现，"改变自我"是成功人生的敲门砖，只要敢于突破自己那颗脆弱的心，拿出行动，你就能超越自我。"丑小鸭"就会变成世界上最美丽、最有活力、最有价值的人。

当你能够清楚地认识自己，也知道该如何走下去的时候，等待你的就会是光明的道路。

# 不论是人还是事都欺软怕硬

犹太民间有这样一则笑话，说有一个人一早出门办事，结果不小心在半路上摔了一跤，没想到才刚刚站了起来就又摔倒了，他无奈地说："早知道还会跌倒，还不如不要爬起来算了。"就这样，他干脆一直坐在地上不起来，什么也不做。天黑了，家人没见到他回来，于是出动所有人去找。结果看见他坐在大街上，才赶紧把他拉了起来，这个人什么事也没办成，就这样白白地浪费掉了一天的时间。

真正的强者，不在于永不失败，而在于能够屡败屡起。没有人能够永远都不跌倒，不能因为害怕再次跌倒就不肯站起来。因此，在人生的道路上，绝不能因为害怕跌倒而停滞不前，如果这样就永远都不可能踏出成功的第一步！

真正的强者，不在于永不失败，而在于能够屡败屡起。

不论是人还是事都欺软怕硬，你越软弱，不敢站起来，就越站不起来，甚至永远站不起来。你越是勇敢面对和搏击，困难就越往后退，退到你触不到的地方去，消失无踪。

我们最崇拜的许多人都曾多次遭遇失败。例如：保尔在命运不幸的时候，并没有向命运屈服，而是勇敢地与命运做斗争，让人们都记住了他；贝多芬在命运不幸的时候，抓住了命运的指挥棒，谱出了不朽的《第九交响曲》；棒球明星贝贝·鲁思有过 1330 次三击不中出局的经历；爱因斯坦到了 4 岁才会说话；在创建核化学和永久改变科学的进程之前，化学家居里夫人贫困潦倒；上中学二年级的时候，迈克尔·乔丹被中学篮球队除了名。虽然他们经历了困难，但是他们都以迎战的心态打败了困难，困难在强大的人面前，也会变得不堪一击。

对于成功来说，失败一次算什么，只要爬起来，同样可以笔直地站在蓝天下，做生活的强者。一步一个脚印地前进，无论多大的挫折都勇敢地去面对、去克服。最终，这些挫折会向你低头、向你屈服，因为你的强大战胜了它们，让它们变得软弱。

## 为自己而坚强

这个世界上只有一个你，所以你要为自己而坚强。为自己加油喝彩，为自己坚强，这个念头应该贯彻始终，直到最后。

在这个世界上，总会有许多的不如意。创业有失败的，工作有下岗的，家庭有破碎的，也许还要经历生离死别。人的一生不会总是坦途，总会有磕磕碰碰。一个人在顺境时的意气风发，不能验证一个人的真正品德，反而是在困难和挫折的时候，才是最考验一个人的时候，也是一个人最能认清自己的时候。不仅检验自己对事情的承受能力，更重要的是检验自己内心的力量，是对人的一次全面锤炼。

这个世界上只有一个你，所以你要为自己而坚强。

曾经听说过这样一个故事：一位女作家在纽约街头遇到一位卖花的老太太。她穿着破旧，身子看上去也很虚弱，但脸上满是喜悦。女作家挑了一朵花，说："你看上去很高兴。""为什么不呢？一切都这么美好。""你很能承受烦恼。"女作家又说。

老太太的回答令她吃惊："耶稣在星期五被绑在十字架上时，是全世界最糟糕的一天，可三天后就是复活节了。所以，当我遇到不幸时，就会等待三天，一切就恢复正常了。"

一个人的坚强，可以帮助自己渡过难关。许多事情，需要的只是挺住，挺过去了，一切都会好起来。很多人有过这样的经历，当时痛不欲生的事情，过去之后回头看看，原来也不过如此。

许多人有过为情所苦的经历，当时痛彻心扉，后来大多数也都结婚生子，过着平凡幸福的生活。那时候爱得死去活来感觉不能离开的爱人，再次遇见，也只是相视一笑。

少数人想不开，因此而寻死觅活，不但不珍惜自己的生命，也让父母经受了白发人送黑发人的痛，真是人间惨剧。许多事情只能自己去体会、去接受，任何人都替代不了，所以一定要让自己坚强起来，风雨过后才能看到彩虹。

老鹰是世界上寿命最长的鸟类。它一生的年龄可达七十岁。但要想活那么长的寿命，它在四十岁时，必须做出困难却重要的决定！当老鹰活到四十岁时，它的爪子开始老化，无法有效地抓住猎物；它的喙变得又长又弯，几乎碰到胸膛；它的翅膀变得十分沉重，因为它的羽毛长得又浓又厚，使得飞翔十分吃力！

它只有两种选择：①等死。②历经一个十分痛苦的蜕变过程。

它必须很努力地飞到山顶，在悬崖上筑巢，停留在那里，不得飞翔。老鹰首先用它的喙击打岩石，直到喙完全脱落，然后静静地等候新的喙长出来。之后，它要再用新长出的喙，把指甲一根一根地拔出来。当新的指甲长出来后，它便再把羽毛一根一根地拔掉。

五个月以后，新的羽毛长出来了。老鹰开始飞翔，重新再过神鹰一般的三十年岁月！动物尚且能够坚强地面对磨炼，作为有思想的人类，我们更应该坚强地面对每一个困难和障碍，让自己能够浴火重生，春暖花开。

# 后　记

　　我出生于东北农村，很早就出来打拼。在走南闯北的求索过程中，我深感自己与自己较量的重要。正是因为我的坚持和不轻易妥协，才一直走到现在。前些年就想把自己的感悟写成书，与同道共勉，但由于忙于工作，未能找到机缘。成书出版并不是意欲宣扬什么，而是想告诉人们心中的所思、所想、所感、所悟，对自己走过的人生路进行一次系统的梳理和总结。一次偶然的机会，我认识了华夏出版中心的张杰老师，在他的热心鼓励下，才抽时间对平日里断断续续写的一些文字进行了系统性的加工整理，最终汇集成册。感谢经济管理出版社的编辑老师，感谢华夏出版中心的张杰老师和王欣女士的鼓励和支持！

李励

2016 年 7 月